本书系中国教育发展战略学会区域教育专业委员会2024年度立项课题
“问题主体领导式教学实践研究”（QYJYZWH2464）阶段性研究成果

大夏书系 · 教师专业发展

教师成长进阶之道

李志欣 著

华东师范大学出版社
· 上海 ·

图书在版编目（CIP）数据

教师成长进阶之道 / 李志欣著．—上海：华东师范大学出版社，2025.
—ISBN 978-7-5760-5862-8

Ⅰ.G451.2

中国国家版本馆 CIP 数据核字第 2025NV3325 号

大夏书系 | 教师专业发展

教师成长进阶之道

著　　者　　李志欣
责任编辑　　卢风保
责任校对　　杨　坤
封面设计　　奇文云海 · 设计顾问

出版发行　　华东师范大学出版社
社　　址　　上海市中山北路 3663 号　邮编 200062
网　　址　　www.ecnupress.com.cn
电　　话　　021-60821666　行政传真 021-62572105
客服电话　　021-62865537
邮购电话　　021-62869887
地　　址　　上海市中山北路 3663 号华东师范大学校内先锋路口
网　　店　　http://hdsdcbs.tmall.com/

印 刷 者　　北京密兴印刷有限公司
开　　本　　700 × 1000　16 开
印　　张　　15
字　　数　　222 千字
版　　次　　2025 年 4 月第一版
印　　次　　2025 年 4 月第一次
印　　数　　6 100
书　　号　　ISBN 978-7-5760-5862-8
定　　价　　65.00 元

出 版 人　　王　焰

目 录

CONTENTS

序一　**不拘一隅：因阅读而开阔的教师研究** / 001
序二　**成长之路就在自己脚下** / 007

第一辑　**把成长变成生命自觉**

> 如果前行的道路上有太多负重，不妨停下来，体察自我身心和精神的状态，用“断舍离”清除生活中的杂念，用成长的精进和深耕，丰盈自己的生活。通过不断地觉察和学习，我们可以实现从知识层次的转变到态度变化，再到行为变化，激发自己的潜能与创造性，从而实现自主成长，培育自己的生命自觉。

唤醒那个谦卑的人 / 003
把当下的日子过得有深度 / 007
愿意去找书读、找事做 / 011
把目标转换成习惯 / 016
民间“自组织”形成的意义 / 020
你需要做的只是停下来 / 025
创造有意义的生命片刻 / 030
学会有自我觉察地行动 / 034

第二辑　**清除禁锢自己的藩篱**

在我们生活和成长的道路上，存在着许多藩篱限制着我们的发展。这些藩篱包括但不限于：消极的思维模式、对失败的恐惧、墨守成规、心理脆弱、惰性思维、世俗偏见、欲望、固守旧有生活模式、急功近利、止步于优秀不再提升等。为了进一步成长，我们必须清除这些禁锢自己的藩篱。

从自我设限中破茧突围 / 041

“为学日益”更需“为道日损”/ 046

敢于打破旧的生活模式 / 050

学会过“无限思维”的人生 / 056

探寻从优秀到卓越的规律 / 062

重塑自己的教职生命状态 / 066

享受在当下的交往智慧 / 070

你我都可以成为“大家”/ 076

找到自己的天赋与使命 / 082

第三辑　**拥有投资自己的远见**

> 我们应目光长远，为整个生命进行规划，并赋予其使命感。如此，为实现使命所付出的每一步努力，都将成为生命进化的推动力。拥有生命整体观，我们才不会局限于一时一地的得失，而是主动去完善生命，为之服务，进行自我创造。

出发去寻找更优秀的自己 / 089

认识到为生命进化服务的重要性 / 093

以阅读开通立己达人之路 / 098

创办属于自己的“成长大学” / 103

形成自己的竞争壁垒和护城河 / 109

学会投资正向的情绪价值 / 112

“为转化而学”带来的“飞轮效应” / 117

教师是知识的生产者 / 122

第四辑　**做个研究型卓越教师**

研究并不是专家的专利，教师如果想适应发展的变化，从复杂的环境中脱颖而出，获得职业的幸福感和成就感，就需要进行研究。研究如何创造属于自己和学生的课堂形式，如何开辟新的教学天地，如何形成有序、有法的课堂教学形态，如何打造真正有内涵的课堂，如何形成自己的教学主张。

创造属于自己与学生的课堂 / 129

构建起自己的知识体系 / 135

教学成果引领教学改革实践 / 139

破解教师在研究中成长的密码 / 147

成为一名持续的学习者 / 153

写作，能享受劳动成果的喜悦 / 157

要做自己的秘密研究 / 164

教师成长更需学术领导 / 169

第五辑　**为教师专业成长赋能**

> 自我成长的观念促使教师用正确、积极的价值观推动自己奋斗、“内求”，拓宽生活领域，即使做看似“无用”之事，也能吸收“有用”养分，激发自我生命成长的积极性和动力，在研究和改造自身中赢得自身认同，从而做自主的教育改革者，做传统文化与教育智慧的传承者，做教育改革的创新者和探索者。

让日常行为产生最大专业效益 / 177

“生成的理念”才能焕发教师生命活力 / 181

构建并落实“微习惯”体系 / 185

让书房成为生命成长的“栖息地” / 189

教师积极的价值观是前行的力量 / 193

寻觅教师享受教育幸福的源头 / 198

以信任的文化激发教师行为自觉 / 202

精准课程理念引领有效专业探索 / 208

后记　**享受生命持续成长不断带来的内心喜悦** / 217

序一

PREFACE

不拘一隅：因阅读而开阔的教师研究

2024年底，我参加本科毕业20周年的聚会，作为校友代表在学院举办的“回首芳华，共赢未来”庆典上做了发言，内容分为“现在所回望的过去”“过去所远眺的现在”“现在所耕耘的未来”三个部分，PPT做得云淡风轻的样子，但其实浓郁的情感在胸间翻滚。在准备这个演讲以及站在台上时，心中隐隐有个勤学敏思的身影在浮动，那是因阅读其新书而正活跃在我精神生活中的人——李志欣老师，在我进行另外一项重要的活动时，依然“顽强”地处于“在线”状态。特别是当我讲到对未来的期待时，心里也回响着李老师书中的观点——深度的现在造就深度的未来。有趣的是，李老师的这本书，构建人与书的连接是其中着墨最深的内容，而我作为阅读者也“亲身”演绎了这种奇妙的连接，当他的身影和我在演讲中所回望的自己的身影交叠时，那些彼此岁月中用心的片刻有了更为紧密的呼应。虽然在更早的过去，我和李老师并不认识，但所谓一见如故便是如此——甚至只是在网上约稿，互看文章，两张钻研学习的书桌就拼到了一起。不过直至读了此书，我才更加了解他不停歇的努力，以及在这无止境的远航中不断扩大的心愿。近年我越发充满对教育探索的渴望和承担责任的坚定，所以当“走进”这本书时，觉得在心灵上与之有非常宝贵的契合。那些滋润他、启发他的书为他舒展了人与教育的关系，使他渐渐变得不“局促”，且有了“更多话题”的松弛，这种打破专业局限的思路也让我有很深的共鸣。看了这本书后，我感觉在继续日常的读写时，身上带着某种被擦亮的学习的新意，在这浮现生机的心绪中，这本书变得越发立体起来。

记得曾在教师的读书会上讲过，如果一篇文章，或是一本书在阅读过后，读者没有产生进一步转释的兴奋，那么这份作品便谈不上在他身上产生多大的影响。当时我是针对几位与会老师说的“读是读了，但不想讲，也不想写”而谈的。转释是阅读者以自己的理解、以自己的表达，甚至以自己的行动对书中的思想进行的演绎。无论是热切的分享还是对照的看齐，这种转述或阐释都充满着主体意识，是自身在投入的阅读中隐退又从中浮现的过程。这种自我的涌出是自然而然的，它为阅读所唤醒，顺书中笔势而生，随自身语言回应而现。好的书不会彻底淹没读者，即便是淹没过也允诺了某种沉浮。在这陶醉的间隙，阅读者不再屈从于一味地读，而遵循了自身进行重述的意愿。哪怕只是提问，也是转释的一种表现，它以生疑、表疑、解疑的形式，形成对书本新的理解，并入意义的储藏室。由书所派生的一切言语行为，催发了书中理念的主体置换，在这种语言的转释中，知识的内化才真正发生。

有趣的是，李老师这本能够让人产生转释冲动的书，其实也是他对近年读过的书的转释。对每一个跋涉经年的爱书者来说，读书叠加了年轮的深沉，“书映书”“书生书”亦是“心映心”“心生心”。书中，李老师自觉地以教育者的身份，审视和表述书中所获，我们也得以跟随着私人的阅读线路领略不一样的书中风景。这种读书既显得是随性的，又体现为某种目的性，这两者本来是矛盾的，但作者用心的思考，以及对生活节奏积极的调试，使它们奇妙地统一起来，表现为攻守的谐和。日常标记、日常“把捉”，令我们在阅读中感受到一种“随身”的气息。他的读书和反思充分浸入了生活，这些阅读所得无一不与对日子的品味、专业交往的体验紧密交织在一起，正是这种真切的生活进程，调和了在众书中巡行的枯燥。谁能说这种“耕读”的生命形式的魅力，不是因为无穷无尽的生活细微的色调的点染呢？

个性化的阅读趣味的养成并非一朝一夕之事，如何令这种对书籍的“读取”沿着一条充满活力的轨道进行？换言之，如何在生活中开辟空间以令阅读朝着自身展开呢？这是我在读完此书后反复思索的问题。如书中李老师所讲述的，觉得自己“没有时间”的老师非常多，且这些人中有为数不少者表示对阅读很向往。他非常重视对教师的培养，因此对培育教师阅读习惯的关注也成为书中一个重要的内容，而教师们所面对的困境也被放在了具体化的语境中进行分析。普遍认为，教师们繁重的教育教学工作构成了对阅读的挤压，在时间的零和游戏中，不属于紧迫任务的阅读很容易被忽略。但对这个问题的解决应该聚焦在哪里，大家却有不同意见。对待这个问题，最需要探讨的内容是不是阅读的重要性？我们都知道加深对阅读之意义的理解肯定会推促阅读行为的发生，但是“挤不出时间”的体验仍会不断消解那些可能因为认识到阅读的作用而增加的读书渴望。

阅读扶持者们，如李志欣老师，并不仅仅止步于宣扬阅读的功用，而是采取帮带的措施督促阅读的真正开展，也取得了成效。正如我们《师道》编辑部在之前的师道读书会和后来的师道读写联盟中所做的那样，通过读书打卡、群组讨论、专题讲座、笔记点评等形式来督促大家读书。在我决定更加认真地来做这件事之后，我们还开发了领读带动、读后感指导发表、鼓励撰写讲座心得等新内容，甚至还尝试了更细腻、更丰富的形式，比如：通过收集问题，搭建读写联盟会员与书作者的“小作文”往来联系，在以往讲座交流的形式之外开辟新的对话通道；保留每一期的结营讲座，辅之以不定期的主题讲解的形式，以令教师们重访之前营期的必读书，鼓励大家好书反复读、反复研，这样既可不断拓展新书阅读的版图，又开发了重游的线路；对讲座嘉宾的选择更加多元，不再一味唯权威或唯头衔，而是以了解“此书”、有故事、有内涵的分享者为佳。特别是最后一点，乃是我目前所想到的，在培育发表等开辟读书输出渠道的方式之外，最有效的引领阅读的形式。

在阅读推广的种种做法中，首先可以肯定，发言，特别是正式发言，以及读后感发表，是非常有效的方式，它们能够立刻让教师们尝到一些阅读的甜头。如前所言，只有通过自身对书籍的转释，才能“治愈”空泛，培育内生性的价值产出。其次，更加真实亲切、可感可学的分享者更能够使人产生学习、模仿或参考的兴致，特别是这种分享不仅仅是对书的解读，更要展现人与书的相处方式，甚至是对阅读时间的安排。哪怕是生活中小小的建议，比如怎样在忙碌中安插阅读、如何利用手账做阅读记录等实用的方法，都能够给听众带来不小的启发。当然，我们期待分享者带来更大的榜样的力量，能够从精神深处感召教师坚持阅读。不过，我认为这种对自身读书状态的分享已经弥足珍贵，它绕开一味讲述阅读的好处或是展现取得阅读佳绩的“惯例”，集中讲述如何运用自己的思想，使阅读真正扎根生活。也就是说，过去鼓励阅读的讲座多从“阅读如何打开思想”的角度阐述阅读的意义，而我现在更加期望一种“思想如何打开阅读”的叙述方式，因为这种亲身的示范正是对“阅读如何在生活中‘站得住脚’，不被纷繁的工作和家庭任务挤兑到无立锥之地”的问题“给出了做法”，它能够给分身乏术的老师最有说服力的建议。在李老师这本书中，这种关于如何对阅读进行细致的安顿的讲述，最可使人意识到“没时间”并非全然不可“攻破”，而且难得的是他以悠然的心态不停调节着工作的节奏，给予读者一种从容愉悦的向往。最后是要不断琢磨着，在这个阅读群体的场子中投入能够触发阅读律动的内容。我曾有感而发写道：“一起读，一定要挖掘一起读的滋味，要不断创设交流的内容、交流的形式……用心投入小石，再观湖纹皱，召读者也是观察者、学习者。”如今读完李老师这本书，我对这种“往湖里投进石子”的想法和做法拥有了更多的灵感。

其实要求阅读“打卡”确实是无奈之举，这种外部纪律的施行很难真正培养人们阅读的自觉性，正如李老师所说，很多校长在学校“跟踪”的阅读行为会因为他们的离职而结束。但我认为外部督促虽有它难及的地方，但在阅读的约束期有机会读些好书也非常有价值，何况也有些人在阅读和交流中被深深触发，从而真正爱上读书。说到底，阅读推广也是一种教育行为，每一个眷恋成长的人都会在各种尝试后明白，最好的推广或者说最好的教育还是要有生命的莅临。“现身说法”为什么通常具有震撼人心的力量？因为那是没有“替身”的专属性品质的展露，是决意敞开内里的勇敢剖析，是面向岁月渐渐变得醇厚的心声的传递。无论是在讲台上，还是在书案边，这种真诚的讲述都会带来精神的波澜，你感觉时间的漏斗仍在讲述者体内倾泻，但不断种上的思想郁郁葱葱。

李老师从他读过的书中撷取的内容无不带着作品自身的辉光，但他生动的创作克服了它们过度的光芒。在很多有大量引用的文本中，我们容易看到被原作彻底遮蔽自身光彩的情形。但李老师这本书不是对书本或是他人观点的简单裁取，而是他在不断被阅读所吸引的生活中，赏会、观照、推演、建构，最终存入经验的“归档”，同时也是在会通他人的“寄言”。这些文字的口吻有一种对象性，似乎是面对着年轻的同行的直呈。这种读者意识，也像一种课堂意识，使他敏于精炼素材、拆分步骤、引导练习——作为读者或者作为“学生”，能够在他的“书课”上，在柔化了秩序，充满着对世界的好奇的氛围下，步入并“跟进”一种对于教育的研究。这些年，李老师对教育者作为知识生产者的身份有了更为深刻的体认，对这种角色的认同，不断增强他对教育思想进行提炼的信心，其中包括对自己的教育主张、教学方法的进一步归纳和深化，也包括对团队、组织和个人的教育理念归纳和整改的帮扶。这种提炼不仅仅是文字或修辞上的炼字功夫，更是对教育情怀的会意，对教育精髓的洞察。能够胜任这种精神劳动肯定是因为熟知教育规律，且因对教育现场保持密切观察而练就对“独特性”的灵敏嗅觉，因此可以直观而简明地获知教育者动机，以及教育理念智性之所在。这种精炼是对纷繁形式的去除，同时也是在内涵上进行新的生成。特别是当李老师以结构化形式对这种教育理念进行“派分”，亦是一番意蕴的充实和重塑。随着这种“分遣”，被提炼的理念再度被验证，显现那些能够真正落实的路径，从而使理念可视可览，可行可为。

书中除了在管理、交流、课堂、教研等革新上实实在在的方法分享，更有一份能够增添教育忆想的情感流动。有谈乐，也有述忧，他在生活中的每一次付出，都似乎会变成一次关于成长的揭示。语言关联着思维，思维关联着行动，在这周而复始的理解和养成中，使命感变得越来越明朗。正是这份越发明确的使命感，指引像李老师这样的教育研究者，超越纷杂的干扰，团聚生命的能量，进一步诠释和彰显那既属于自身又属于大众的“文”的牵引力。一名真正的学习者能够在理想的守望中建构精神的楼宇，更能够在境域化的日常中撷得思想的片羽鳞光。学习一旦存持，“其命维新”，便无时无刻不向往和推促一种共谋共建的教育生态。而其中，对自己的成长和他人的成长进行诊断和疗治，乃这份良愿必含之功。

看这本书的过程中，我总为李老师自律的阅读生活叹服，闭卷聆察其思想回声时方觉，恰是生命勃发的状态使其找到了宁静。李老师说：“从我做起，关注内心，常想‘可以给周围的人和世界带来什么不同’，这是领导力的原点。”我认为，他在这本书中贡献的不只是一个勤奋的身姿，更具体地说，乃提供了一个把书本转化为行动后盾的生动版本。他把在教育中被罢黜的生活请上前来，在连接、更迭、跳跃和缝合中完成了一份新的生长设计。

让我们保持阅读，以一种在阅读中增进“视力”的方式重申观看这个世界的权利，然后像李老师所说的，“把‘发现的新大陆’记载下来”。

海德格尔曾指出：“唯从世界中结合自身者，终成一物。”研究，本质上是把握事物根源性联系。真正的学习者，随时虔诚，随时坚持创造性运用，随时攒集眼之所及的光亮，在持续性中靠近万物静谧的核心……

李　淳

《师道》杂志主编

序 二

PREFACE

成长之路就在自己脚下

我和李志欣校长结识于2016年《教师博览》杂志社在大连举行的第二届读书论坛。当时，我还没有把他和前些年屡屡在各大教育主流媒体亮相的山东某农村学校的"'零'作业改革"的发起人对上号。此后不久，我在查阅相关资料的时候，才得知李志欣校长就是"'零'作业改革"的倡导者和践行者，因此对他也多了几分敬意。

2018年，李志欣校长在"大夏书系"出版了《优秀教师的自我修炼：给青年教师的成长建议》，我也买来阅读了。此后，我注意到，他出版专著的速度犹如"井喷"一般，一本接着一本。

在2024年5月的《教育导报》上读到《"享受教育写作带来的获得感与价值感"——对话首都师范大学附属实验学校副校长李志欣》一文，我顿时有一种豁然开朗的感觉。在《教育导报》夏应霞记者和李志欣校长对话的这篇文章中，我得知他在工作的第三年就走上教育写作的道路，此后就一直没有停歇。长期的阅读、丰富的实践，让他在教育写作之路上越走越远，因此佳作频出就是名副其实的厚积薄发，也就不足为奇了。

李志欣校长的新著《教师成长进阶之道》即将出炉，承蒙他厚爱，嘱我写一篇序言，因此有了先睹为快的机会。

这本书结合李志欣校长自身的成长经历，从五个方面阐述了教师成长的密码和进阶的通道，大多数内容都涉及教师自身的努力，教师们都可以有所作为。在书中，李志欣校长还结合自身的学校管理实践，对学校管理如何赋能教师成长进行了探讨。

认真阅读了这本书稿之后，我觉得以下三个方面，对渴望成长的教师而言非常关键。

唤醒自己的成长自觉

校长（或书记，以下统称校长）是教师专业发展的第一责任人，这是校长治理学校过程中在加强教师队伍建设方面应履行的职责。但校长的第一责任人的使命在于出台相应的激励机制，为教师搭建各种平台。具体到个体，每一位教师都是自身专业成长的第一责任人。在现实中，我们也不难发现，同一年参加工作的新教师，原先的水平差不多，但在同样的环境之下，三五年之后就会有很大的差异。那么，在外部推动力差不多的同一所学校里，处于同一起跑线的新教师在三五年之后有较大的差异，其主要原因就在于自身成长内驱力的不同。每一所学校都非常重视五年内的新教师的成长，因此工作前五年是教师成长的黄金期，如果新教师错过了黄金期，可能就不会再被学校纳入重点培养的对象，因为学校会把眼光聚焦在新五年期内的教师。

2021年的热播剧《觉醒年代》中经常提到“唤醒”，对于教师而言，并不是每一位教师在成长上都进入了“觉醒”的自动自发的状态。因此，唤醒自己的成长自觉，是教师走上成长之路的必要前提。

李志欣校长这本书的第一辑讲述的就是“把成长变成生命的自觉”，第一篇文章就是《唤醒那个谦卑的人》。这篇文章通过“六经注我”的方式旗帜鲜明地亮出了作者的观点：一个人成长最快的方式——深度思考。而深度思考对于每个人来说，是没有门槛的。不过，这个“零门槛”也有一个前提，那就是要有自觉成长的意识。如果这个自觉成长的意识能自我唤醒，自然是最理想的，但也可以借助他人的力量来唤醒，比如通过阅读李志欣校长的这本书。

教师的成长可以借助学校或者教育行政部门、教育业务部门搭建的平台来实现，也可以进行“自我培养”。有学校或者教育行政部门、教育业务部门的培养固然是好，但并不是每一位教师都有这样的机会。教师的“自我培养”，主动权则掌握在自己手里。李志欣校长的这本书，聚焦点就在教师的“自我培养”。当一位教师真正有了成长的自觉之后，就真正开启了“自我培养”之门。

可以说，教师要想真正走上成长之路，唤醒自己的成长自觉是第一位的。

走正自己的成长路径

正如托尔斯泰所言的“幸福的家庭都是相似的，不幸的家庭各有各的不幸”那样，教师的成长也是有规律可循的。冯卫东老师在总结著名教育家李吉林成长经验的基础上，提出了“学、思、行、著、晤”的教师成长“五字诀”。冯卫东老师还进一步指出:“成长的教师总是相似的，而停止不前的教师也有相似之处，无一不是在这五个字上表现较为怠惰、难以坚持、不能做好。”

尽管李志欣校长的成长并没有接受这“五字诀”的指导，但他自身的成长经历就为这“五字诀”做出了最好的诠释，他这本书中的文章也在不同的层面做出了说明。

近年来，教师的专业阅读越来越受重视。尽管在这本书中，李志欣校长直接谈阅读的文章不多，但他在很多文章中对所阅读的相关书的引用，恰恰证明了阅读对教师成长的重要价值。教师的阅读，尤其是专业阅读，是教师成长中借用外脑智慧的有效方式。当一个教师真正走上专业阅读之路的时候，他也就走上了一条可持续成长之路。

目前，专业写作是不少教师的短板。王丽琴主编的《让教师不再害怕写作》一书中甚至用了“有些教师宁上 10 节公开课，也不愿写一篇文章”来描述教师对写作的害怕。但专业写作不仅仅是记录，更是促进教师专业成长的重要抓手。颜莹在《教育写作：从教改实践走向成果表达》一书中写道："看似单一的教育写作活动，却是高度专业化、复杂的高级思想活动。它融合了理论学习、规律发现、成果转化、实践改进等多种专业活动，系统地提升了教师的各种专业能力，使教师在深度专业写作的过程中，不断丰富自己的专业知识，提升专业能力，完善专业素养结构。"

如果一个教师真正形成了教育写作的习惯，那么当他走上学校管理岗位的时候，这种教育写作习惯会让他更好地在管理上有所作为，李志欣校长就是一个很好的例证。事实上，一线教师的教育写作和学校管理者的教育写作，只是写作的内容和主题有所变化而已。这一点，我在阅读了《中小学管理》编辑部主任谢凡的《校长的专业写作》一书后有了深刻的认识。现实中，还存在一些认识上的误区，说那些优秀的教师走上了学校的管理岗位后，就不再做教学研究、不撰写教育教学文章了，结果就说是行政工作耽误了自己的专业成长。事实上，这些优秀教师的专业写作的内容应该随着工作岗位的变化而及时进行调整，同样可以继续在专业写作中加快自己的成长步伐。

教师的成长，不应是孤军奋战，而要抱团成长，这也充分说明了专业交往的重要性。另外，教师也要主动寻求专业交往的机会，包括自费参加一些培训班，这也是"见高人，促成长"。

朱永新教授领衔的新教育研究20多年的实践证明，专业阅读、专业写作、专业交往这"三专模式"是促进教师成长的有效手段，让一大批普通教师得以成长。

从"学、思、行、著、晤"这教师成长"五字诀"而言，"思"和"行"是我们教师日常工作中都在进行的，只是质量有高低罢了，剩下的"学、著、晤"，其实就跟专业阅读、专业写作、专业交往差不多。

无论是"五字诀"还是"三专模式"，都强调了教师在做好日常教育教学工作的基础上，要多反思，并形成专业阅读、专业写作、专业交往的习惯，这其实就是教师成长的有效路径。李志欣校长自己就是这么做的，也尽量为教师们创造这样的条件。

对于渴望成长的教师而言，走正自己的成长路径，是非常关键的。

坚定自己的成长追求

客观地说，教师的成长是慢的艺术，往往不是一蹴而就的，需要较长时间的沉潜和扎根。教师有了成长的自觉，明确了成长的路径，最重要的就是付诸行动，在日常的坚守中拉近现实和梦想的距离。

客观地说，向上的路并不好走。因此，教师选择追求成长，自然也得舍弃一些东西。教师也是社会人，不可免俗地也面临着当下这个移动互联时代的各种诱惑，比如刷短视频、网络追剧等，这些都比专业阅读和专业写作更有吸引力。教师工作忙碌是客观事实，但一旦有了相对大段空闲的时间，很多教师也未必选择做专业阅读、专业写作等促进自身成长的事，因为有更重要、更有吸引力的事在等着他们。十多年前，朱永新教授在《教师们为什么拒绝读书》一文中就对这一现象进行过深刻的剖析。因此，在走向成长的道路上，教师必然要主动和一些诱惑“断舍离”。

教师走上成长之路，就是要做一个长期主义者。李志欣校长在书中提到，他接触过很多曾经有志的年轻人，刚开始都很有热情，有信心实现自己成长的飞跃，愿意与他建立联系，但遗憾的是，最后大都不了了之。

可见，在成长上如果不能长期坚持，往往只是“最初心动，起初有点行动，后来一动不动”。李志欣校长书中的《形成自己的竞争壁垒和护城河》《构建起自己的知识体系》《成为一名持续的学习者》《要做自己的秘密研究》等文章，就是从不同的侧面对如何成为长期主义者进行了具体的阐述。

李志欣校长在书中引用了企业领域的“飞轮效应”，该效应认为，当你做出一系列明智决策并对其精准执行时，你的每一次行动都能汇集上一轮飞轮运转的动力。李志欣校长把“飞轮效应”与教育教学工作建立了连接，他认为：教师要懂得把在教育教学情境中遇到的机会有效转化，将劳动付出所收获的思考与经验转化为清晰的、可操作的、可视化的实施路径；教师要学会在最关键的事务上投入耐心和专注，即使是一些琐碎的事务、失败的探索、无助的思绪，也可以转化为打磨、修炼自己技能和心性的机会。如果教师形成这样的习惯，在长期主义的加持下，成长会越来越快。

教师要想成长，就要舍得为自己投资，包括时间、金钱和精力。本书的第三辑讲述的就是“拥有投资自己的远见”。教师舍得为自己投资，包括自费参加一些培训，舍得买书和花时间来读书，花时间来用心写作等。

教师的成长之路在何方？路就在自己脚下，因为这条路可以由自己来选择并坚持走下去。李志欣校长的这本书，可以助力有所追求的教师早点走上成长之路，走正成长之路，走好成长之路。

是为序。

刘　波
2015 浙江教育十大年度影响力人物
中国教育报 2020 年度推动读书十大人物

PART 1

第一辑

把成长变成生命自觉

导语

纽曼说:“成长是生命的唯一见证。”作为一名教育者，我们不仅要教授知识，还要引导学生形成自我成长的意识，即所谓的生命自觉。那么，如何实现这一目标呢?

首先，教育者自身需要有作为，通过不断地自我提升和自我教育，培养自己的生命自觉。只有教育者自身具备了这种自觉，才能更好地影响和教育学生。

此外，关注成长的过程同样重要。我们应该珍惜每一个有意义的生命片刻，忘记时间、忘记自我，专注于当前的事物，用心持续地阅读、思考、积淀、挖掘、提炼、精进，创造属于自己的幸福生活。

自我改进还需要学会自我管理，成为自己和他人的领导者。设定目标，并将目标转化为习惯，形成自己的意志，让习惯与自己融为一体，从而对自己和他人都能产生积极的影响。

实现自我成长有时需要借助他人的力量，比如积极寻找和参加一些“自组织”。通过与他人的交流和合作，我们可以找到教育教学生活的“光源”，唤起心灵觉醒的力量，不断开拓自己的发展空间。在自我成长的过程中，我们难免会遇到挑战、怀疑和诱惑。然而，正是这些困难和挫折塑造了我们，让我们更加坚强和成熟。有成长自觉的人会将苦难与遭遇转化为生命成长的能量和宝贵的财富，用坚定的精神力量指引着自己前行。

如果前行的道路上有太多负重，不妨停下来，体察自我身心和精神的状态，用“断舍离”清除生活中的杂念，用成长的精进和深耕，丰盈自己的生活。通过不断地觉察和学习，我们可以实现从知识层次的转变到态度变化，再到行为变化，激发自己的潜能与创造性，从而实现自主成长，培育自己的生命自觉。

唤醒那个谦卑的人

每每上了一堂课，参与了一次论坛，甚至与人闲谈后，总有一种情感挥之不去，是后悔，是自责，还是自我嘲弄？我也说不清楚。

我不是一个擅长雄辩、富有幽默感、会渲染的述说者，也不是一个拥有个性、善于解释、能夸大的教学能手，但是在表达观点时，却总也压抑不住一种油然而生的倾向，这是一种咄咄逼人、过于自信和刻意炫耀的认知情感的不当暴露，我现在终于意识到了，是不自觉地为人骄傲。

这是一种人格缺陷。我为什么在别人面前表现得不够谦卑？为什么总是说“一定、绝对、毫无疑问”等字眼？为什么总是表述自己以前的辉煌、创造和能量？不用仔细看对方的神情，却总能感觉到对方的无奈和应和的心理暗示。

当有人提出一个观点时，我不应该直接地表示反对，当场与之争论不合理之处；当别人与我提出的观点对抗时，我不能感觉受到了误解和侵犯。为了和他人的对话更加愉快而有意义，我应该谦卑地提出自己的观点，如果真的是他人错了，他会更容易地接受我的意见；如果自己碰巧错了，也不会因此感到太过羞愧。

富兰克林曾在自传中表达了这样的思想：“骄傲是人的自然情感中最难制服的。尽管我们掩盖它，和它搏斗，打倒它，阻止它，克制它，它却总是不肯灭亡，并随时会抬头露面，发荣滋长；我们会在历史中经常看到它。甚至即使我们认为自己完全克服了骄傲，我们也有可能因为自己现在的谦卑而骄傲。”

与同事吃饭喝茶，或是散步聊天，总免不了听到一些这样的话语：是我的努力，使这个学科跃升为市级领头学科。没有我的付出，哪会出现今年考试的奇迹？我的课已经很有特色了，学生家长非常赞扬。我教学的同时乐于助人，我指导的年轻教师已经在短短的一年里成为学校骨干了。学校没有我，哪能转得动啊？……说这些话的目的，是想向别人证明自己的努力和业绩，主动寻求他人的认同。当然，这并没有错。往深层里说，可能就是一种骄傲的自然流露，也可能是一种职业认同失落的情感补偿，更可能是一种作为文人的教师谦卑情怀缺失而引以为常的习惯。

身为教师的自己，也同样存在这种天然的倾向，曾经喜欢抱怨发牢骚、喜欢抬高自己贬低他人、喜欢炫耀资本摆老资格。但这又有什么作用呢？不好的情绪沾染了他人，也耽误了自己的再度成长。

我终于找到了自己的人性弱点，羞辱感开始渐渐消退。以后我应该使用“能听听我的理解吗”“我想事情可能是这样的”“是大家团结一致，共同取得的成绩”等这样的字眼，让谦卑成为我自然而然的习惯。

想到这里心里顿觉释然了，不再感到纠结，回到书房，读书、思考、写作、研究。转变自己的话语系统，学会与人愉快地交往，永远谦卑地向他人学习。

我徜徉在恰巧遇到的文字里，傅国涌先生的论著《美的相遇：傅国涌教育随想录》后记中的一段文字打动了我：“我常常想起童年、少年时代读过的那些书，它们在时间的流逝中渐渐都已汇入我的生命当中，让我的世界变得越来越大，每一本书其实都在参与我的人生，让我不断地获得精神的滋养，重新找到前行的勇气。”

我好久没有这种感觉了，我现在变得敬畏每一位作者的文字。我认为，这些文字所表达的观点、思想、方法，都是经由纯粹心灵打磨而成的，是其所遇与所爱的结晶。因此，当我阅读它们时，不是仅仅在看文字，更是在与一个个灵魂窃窃私语。

这个过程，时刻驱使着我想表达内心生命的声音，表达真实的同时，不真实的东西被涤荡出去。文字表达的、描述的那些画面、那些情景、那些思考、那些探索，都与自己的心灵有关，取自过去那铭刻在心的东西。

正是人生的短暂，使一切相遇显得更美。我曾与一朋友微信交流："珍惜五十岁后的每一天吧！"与另一朋友也是微信交流："忘记过去，立足当下，展望未来。"他们都有自己的故事，与之对话内容自然有别。目的都是觉察平静的洗礼，明达生命的通透。

后记中傅国涌先生还介绍了俄国作家谢尔古年科夫的《秋与春》中的一段话："森林、繁星、河流——世间一切美丽的事物——这恰恰是我们的内心、我们的心灵的反映。可以说，整个世界都是我们自身的反映。正因为如此，遇见松树的时候，我们才怡然欣赏，我们看它，怎么也看不够，我们遇见的不是松树，我们与松树没有任何瓜葛，我们遇见的是我们自己。正因为如此，遇见我们的时候，松树才怡然欣喜，它能够在我们心灵的密林之中找到自己。"

遇到了常生龙老师的一篇文章《教师要如何实现自身认同与自身完整》，说到了教学。好的教学的秘诀其实不复杂，就是教师要通过完整与强大的内在生命、充盈而丰沛的心灵能量，在学科知识、个人经验和社会生活的交汇处"编织联系之网"，来打破学科、学生和教师之间的隔阂，并将三者融为一体，以实现自身认同与自身完整。教学是无止境的相遇，只有认识自己，能听到自己发自内心深处的声音，才有可能和学生的内在心灵相遇并产生共鸣；只有在相互联系中仔细体验每个相遇，才能在体验中不断丰富并强化联系之网，这是做好教学工作的力量源泉。

遇到了罗振宇先生的一段文字，可以解释上段关于教学是什么的描述：如果一个人身上有"一个外人触达不了且又能展开想象的领域"，那他就有魅力。比如说，一位老师怎么在学生面前显得有魅力？长得好看，讲课精彩，那当然需要，但是除此之外，他还要储备一些课堂之外的经历：暑假的时候去新疆参加过一次徒步，去登过山，去参加过某个联合国组织的公益项目……然后回来偶尔在课堂上讲给学生听，学生就会觉得他有魅力。因为这些领域，学生一般够不着，但又可以想象。你还可以再想象一个场景：一个人平时不善言谈，但是他有一本厚厚的读书笔记，经常能从里面引用一些有趣的话。你是不是觉得这个人有魅力？对，因为他的阅读世界，就是这么一个外人无法触达，但是又能展开想象的全新领域。

以上相遇，是我学习的一种姿态，是异常谦卑的，它们驱动我的思考，让我的思维受到刺激，从而产生了认知突围的感觉。这不是一种简单的行动，而是我遇到的另一种成长的妙道，即思考积累。它让我明白，花费时间思考，有时比直接行动更有收益。

从表象来看，起初，一个人在思考上花费的时间，不会带来明显的收益，甚至在积累速度方面，慢于直接行动。随着思考时间持续增加，个人终将获得蜕变式的成长。正如作家刘润所说，深度思考几乎是唯一一个对每个人而言都没有门槛的逆袭机会。

丹尼尔·卡尼曼在《思考，快与慢》中写道：“重复且长时间的无尽忙碌，只要条件具备，大部分人都可以做到。难的是思考。没有深入的思考，勤奋就没有意义。”

每一次深度思考，其实都是在打破自己，打破单一浅显的思维框架，打破陈腐的认知和经验。所以，我不着急。寻书、读书，反思、沉淀，倾听、等待，营设深度思考的场域，享受高阶思维和勤奋带来的复利成本，邂逅人生意想不到的美好相遇。

当然，这不纯是我个人的思考，我遇到了《一个人成长最快的方式：深度思考》这篇文章，才得以说出如此深刻的话语。

以上都是我一天的相遇，遇到了几个有思想、有故事的人，遇到了他们的文字与心灵，其实也遇到了变化中的自己，发现了更优秀、更美好的自己。做一名心灵自由的老师，认真谨慎地生活。深耕自己，去靠近滋养自己的人。

还是谢云老师说得好：“要让学生学会学习，教师自己首先需要有‘会学习’的经历和体验。”而这种经历和体验是教师对自身潜能和修养的探寻，如此，那个无比谦卑的自己就会出现。

把当下的日子过得有深度

“没有可怕的深度，就没有美丽的水面”，这是尼采的一句名言。的确，水洼与海洋，我们更惊叹于海洋的壮阔、深邃，更有“海纳百川，有容乃大”的妙句；一片水洼，一看便知底，里面的水草、石子、鱼儿、虾儿等等，一览无遗。当然，也有其自己的美：清澈见底，一目了然。

我参加了几次全国级的大会，常有自己的发言。这给我很大的困扰，深知自己像是一片水洼，从农村走出来的我，不免有些自卑的人格。于是，就异常用心地准备发言稿，精心做好 PPT，甚至去请求他人的帮助。我想着，不能辜负推荐朋友的良苦用心啊。

紧张地走上前台，谨慎地开始演说，此时，还真忘记了想象中的尴尬，竟然都顺利过关了，有时还会赢得身边人的鼓励：“嗯，不错啊！”当然，知己的朋友会说：“如果再慢一点就更好了。”“如果再有条理些就更好了。”我都专注地倾听着，认真地反思自己，这需要以后好好改进，而改进之道，无疑是持续地阅读、思考、积淀，更要挖掘自己的深度。

我年轻时，处于气盛少知的时期，与身边的人交往时很少顾及他人的情绪、感想与观念，常常直白地予以点拨、回击，常常因着急而拿结论来处理当下的问题，不懂得等待，理解过程的逻辑，探寻问题背后或矛盾深层的原因与道理，看似合理的方式，如今想起来总是泛起后悔之意。

我认为，学会倾听是极其重要的人际交往艺术，即倾听时完全不带任何动机，不是带着强烈的怀疑去听，而是没有任何抗拒地、全神贯注地倾听。拥有这种极为安静且简单的心态，才会发现什么是真实的东西，找到他人所说话语的本质意义。就像听自己喜欢的音乐一样的感受，安静地倾听，忘我地接受，没有丝毫的自我执拗与成见。教师所主导的课堂，也应该是以倾听学生的声音为主，否则算不上是一节理想的课堂，不是真正的以学习者为中心的课堂。

我认为，不管是自己的孩子、学生，还是自己的同事，交流的对方都是一名“老师”，正所谓“三人行，必有我师焉”。应该学会感受、觉察当下的情境与情感，思维与思想。当自己有如此的理解与辨别，自己的弱点就会昭然若揭。虽然对方并没有明确指出，现场说明，但他们的在当下明明白白告诉了自己在当下的艺术，即也要在当下，不要逃离，不要心不在焉。

这会让生活变得简单，让事物直达核心，世界的真理自然会显现。这更是一种学习，一种修炼，一种做人的常识，一种交往的智慧。这是阅读印度哲学家克里希那穆提的论著《谋生之道》让我明白的道理。

大家常常有一种感觉：每天没觉得干多少事，就匆匆结束了，至于每周，每月，每年，好像都是如此。甚至还有一种感觉：每天都想下定决心多做点事情，但是就是找不到时间，总是有各种理由等着自己来解释。就这样，岁月在更替，生命在流逝，人也就慢慢变老了。

阅读万维钢老师的《学习究竟是什么》，碰到了一个新词——“深度的现在”，有些被触动了。大体是这个意思：忘记时间，可以释放出一些宝贵的计算带宽。忘记时间还意味着专注做事的时候不要考虑过去，也别担心未来，要专注于眼前。当你忘记时间、忘记自我，你就有了更多的计算带宽，你可以接受和处理更多的信息。

有朋友经常向我提出一些问题，比如：你每天那么忙，怎么会有时间看书？你什么时间写如此多文章从而出版论著的？你的那些观念和语言是从哪里来的？其实，用“深度的现在”就可以回答这三个问题。

我的生命状态是这样的：早晨 5 点半至 6 点钟起床，走在去单位的路上，一路会不断地调试自己的情绪，因为我的脾气有点急躁，且有时对自己要求过高，从而不自然地会影响到他人。我争取每天把情绪调整到尽量平和，做到说话不能太着急、太苛刻，多说正面的，少说负面的，多指出他人的闪光点，少点明他人的缺陷，多提些建议，少说些意见。

对于时间，我是不计较的。我一直有一种观点：工作与生活不能隔离开。在我这里，工作就是生活的一部分，生活里也有工作的注入，要自然地建立某种联系，形成协同，产生共振。我对工作和生活的热情，让我每时每刻都能过得饱满而有质地，从容而有价值。

因此，我是自由的，每天的各项活动不会受时间的限制，我能驾驭我的时间。来到学校，首先走进教育教学真实场景，第一时间出现在师生的视野里，体验师生的勤奋与付出。听取教育服务中心对昨天工作的诊断汇报后，走进教师的课堂，去走访学习教师的一些经验，或与教师们当场交流，交换自己的一些建议与意见。有时会一直听完一名教师的教学，有时我会接连走进不同学科或年级教师的课堂，听取一个个的片段。回到办公室，我就把这些收获记录下来，形成课堂观察报告。然后，我会读读书，看看微信里的一些好文章。我办公室里的书很多，愿意看什么书就看什么书，全凭当时的心情与需求。下午 5 点半，我到教学服务中心，听取主任们关于今天听评课、参与教研等活动的反馈。

等教师、同学们都离开了学校，我就走回家。吃完晚饭，我会继续读书和一些好文章，修改书稿，写一些东西。11 点前准时上床休息。第二天依然如此。我认为，这一天，我自由、从容且有序、专注地做了一些事，忘记了时间，忘记了自我，过得很有“深度”，因此也就解决了上面朋友问我的几个问题。

双休日，除了不再走进教师的课堂，参与教师的教研学习等活动，其他事情照常。读书、写作、思考，当然，还加上了散步、喝茶、会友，等等。散步时想的、喝茶时谈的、会友时聊的，自然离不开工作。

你说，工作能与生活分离吗？我觉得，这就是人生的享受啊。世界给你自由的空间、时间，给你无比丰厚的资源、平台，为什么不抓住呢？不如专注地获取一些有用的信息，激发出自己独特的创意观念，构成自己的学习系统与生活模式。

要想做事，就需要去除时间感，忘记自我，如此，才能找到自我，消除紧张感，充分把时间利用好，从而获得丰富的信息，做什么事也不会感到费力，而且有强烈的愉悦感。

一个朋友问我："你累吗？" 我回答她："累，人只要活着就累，但心不累。" 人累与不累，关乎于心。人幸福不幸福，与外在无关，也关乎于心。

我做教育有 30 多年了，做学校管理也有 20 年了。在这个过程中，经历了许许多多高兴的事，烦恼的事，成功的事，失败的事。时常感到很累，不少突如其来的困境无情地袭来，让自己顿感纠结、无奈，有时竟感无助，就像做了一个掉进深水中的噩梦，挣扎着双手四处找寻那棵救命的稻草。

那是以前的感觉，可以说是自己招来的。明白了这个道理，现在做教育，干工作，不再考虑任何的功利，只关注过程，刻意保持好的心情。不再计较最后的结果，过程中的人、物、景、时空、感情便立时美起来。各美其美，美的更美，不美的也有不美的美：学会精神观念的转换了。

对于突如其来的任何事件，不再考虑其后果的严重，那是不可左右的，只想尊重自己的良知，也尊重他人的意见，为了人的更加美好，事情的更加顺利，以成全人的生命与己任而小心地抚慰、用心地解决。

不在乎外在是否真正理解、是否真实认同。真诚地与支持自己的人群、环境进行无私的对话，聆听周围的一切声音，寻求适合自己与所从事的事业的慧源。

大自然的规律谁也无法驾驭。当风来的时候，温暖的春风，你尽管去沐浴享受；寒冷的冬风，你可选择去躲避开。当雨来的时候，你可全然不顾及它，任其降落在身上，也可以去听它的声音，体悟它那连绵不断的畅意。

能够专注一事比什么都富有。把现在过得有深度，比梦想未来的深度紧要得多。说句深刻的话，没有今天的深度，不可能有未来的深度，更没有未来深度的享受。这就是开头尼采所说的那句话的深刻含义，人要看起来美丽，同样需要有深度。

冯卫东老师在其论著《做一个成长型教师》中有一句话："重要的一点，还是要有一颗少随世俗、难染尘滓的童心。" 我也信奉阿尔贝·加缪所说的："对未来最大的慷慨，是把一切献给现在。" 这都是把自己过得有深度的要领。

愿意去找书读、找事做

我邀请某媒体编辑，希望他来学校给青年教师的专业成长做一次指导，下面的文字是他与我沟通交流后写的一些感想。

上午，看到李校长他们学校青年教师微信群发世界读书日的主旨宣言："希望散居在全球各地的人们，无论你是年老还是年轻，无论你是贫穷还是富有，无论你是患病还是健康，都能享受阅读的乐趣，都能尊重和感谢为人类文明作出巨大贡献的文学、文化、科学思想大师们，都能保护知识的产权。"

因为在一次交流中，我与李校长对学校应该多造就"教师领袖"有高度共识，他邀我加入这个群，作为他们学校青年教师的成长伙伴。

我认为他在做一件很好的事情。第一，李校长并不认为"一个好校长就是一所好学校"，而是一所学校应该有一个好校长加上尽可能多的好教师；第二，说到"好教师"，李校长并不是爱啊、奉献啊、师德啊，说上一大堆，而是强调教师基于业务能力形成的领导力和魅力；第三，李校长引入各种理念和资源，建立各种渠道和平台，真心实意地帮助教师成长。

对于世界读书日的主旨宣言，我觉得最好补充一点——作为从事教育事业的知识工作者，我们在享受阅读乐趣的同时，还应该"尽可能参与知识的创造及其改变现实的应用，并从中找到人生的成就感"。

李校长同意这话，但问题是，"不少教师想不到这一点"。我的看法则是："事实上，很多教师正在做这件事，而且现在的教育改革需要越来越多的教师做这件事。可以尝试这样做：用明确的理念来概括我们所做的事情，并且指引我们的追求。”

李校长说：“需要引导教师用新的思维方式来工作，而非只管拉车不会抬头看路，甚至不知到底为啥拉车，如何拉车，要拉到哪里去，拉到什么时间才算结束。”

我说：“当每个人真切地体验到通过学习和做事能让自己变得越来越好的时候，谁都不会拒绝这个诱惑。”

在读书这件事情上，我现在变得越来越淡然了。不愿意在“读书”这个层面上谈读书，也不同意将读书上升到义务甚或修养的层面。我更愿意基于一个具体的人，探讨人生改进的可能性，以及为了实现这种改进，我们需要做什么，我们能够持续做什么。

凡是这样想的人，会自然而然地去找书读、找事做。这样的读，才是有意义的。

我很认同该编辑老师的见解，我到过全国不少地方的学校，有不少年轻教师，甚至是年龄大的教师，表示愿意跟着我一起读书学习，做研究，要么以单独联系的方式，要么以大家组建一个阅读群的方式。刚开始大家会热情很高，每周发给我一篇随笔或案例请我指导，阅读群还会组织读书会一起分享阅读成果。但是几个月后就冷淡下来了，大多数也就不了了之了，他们不好意思再联系我，我也不好意思再催促他们。一段所谓的“师生情”就这样珍藏在了记忆里。

前几年，我很热衷于带领年轻人读书学习，甚至还以校长的身份组织他们读书与写作。在我的“逼迫”下，不少教师都进步很快，他们也承认自己的变化。但是一旦我疏于督促了，或者我调离了这所学校，没人再去热心组织他们了，他们也就慢慢懒散下来。当然也会剩下几个年轻人还会坚持下来，形成了读书学习的习惯。也就是剩下 20% 左右的人吧，这真应验了“二八定律”这一规则。

我想引领年轻教师走上自主成长之路，目的也是给他们一点方向性的任务，看看谁能理解，希望他们能够走上名师之路，甚至幻想未来有的能够成为教育家型教师。一次，我想组织学校里毕业工作三年内的年轻教师一起读书与分享，我说过可以自愿加入，其实我是在试探这群年轻人的心态。结果，不出所料，刚参加工作一年的都报名了，因为他们刚入职，还“不敢”不遵从校长主导的工作，而毕业两年以上的教师，大多没有报名。我找到几个问他们：“为什么不报名啊？”他们说：“任务太多，太忙，怕没有时间完成你的任务。”我理解他们，但我却很失望。

才毕业两年，就想着过早地退出循环。一般情况下，人们在尝试新事物的时候，总是会遇到各种各样的困难，不同的人会在碰壁不同的次数之后退出。学校推动的“年轻教师成长计划”就是一个循环，凡是过早退出的，一定成长后劲不足。

我的期望并不高，我不知道他们能不能理解。当然每个人对待成功有不同的认识，对某些人来说家庭和睦、家人健康就是成功，可对某些人来说有成千上万的资产才叫成功。人生每个阶段对成功的定义也不相同。也许是我在庸人自扰，自找没趣，不理解他人的想法吧。但是，我却坚信一个真理：达到成功的方法只有一个，那就是先得学会付出常人所不能付出的东西！

苏霍姆林斯基在《给教师的建议》中谈到“教师的时间从哪里来”，当一位 30 年教龄的历史教师回答“你用了多少时间来备这节课”时，他淡淡地说：“对这节课，我准备了一辈子。而且，总的说来，对每一节课，我都是用终生时间来备课的。”

趁着对一件事有热情的时候，一股脑儿把万事开头难的阶段熬过去。任何一点时间都可以用于阅读。

不是没有时间，不是太忙，更不是太累，而是没有勇气和志气跟着走下去，不想追求卓越的人生，过一种有价值的教育生活。当然，我相信，他们也会有属于自己的成长公式，可能还是我并不理解。

现在，随着年龄的增长，对人与事看得也比较明白点了，读书学习并不适合强迫他人去做，甚至引领有时也会遇到尴尬的局面，我基本采纳了那位编辑的观点，不再那么“用心”推动这样的事了。但是与一些志同道合者、价值观相近者、热爱读书者，仍然乐此不疲，在一起读书、学习、思考、研究。

看到华东师范大学李政涛教授的一篇文章《教师如何实现自我生长？》，我收藏了起来，阅读了好几遍，我认为文中的一些观点是很有价值的。下面我把其中的两个观点做了整理，与大家一起分享。

一是教师的自我生长，在不断比较中实现。第一，年轻的时候比聪明和勤奋。我经常告诉我的学生，如果你的竞争对手不仅比你聪明，还比你勤奋，你死定了。你永远赶不上别人。越往后，越比激情的持续力。第二，比积累的厚度。对咱们教师来讲，要有哪些积累呢？最首要的是实践的积累。优秀教师首先不是写文章写出来的，不是读有字之书读出来的，而是上课千锤百炼实践出来的。接下来再配置阅读的积累、写作的积累，还有自我反思与重建的积累……我们的一生能够走多远，前面积累得怎么样很关键。第三，比思维的深度。我总是倡导一个观点：人这一辈子拿三块牌。第一块是铜牌。一个老师要有知识，要有学历，这是最起码的。再拿一块银牌。银牌就是一个人的人脉，丰富的社会关系和社会资源。最后再来拿一块金牌。金牌是什么？就是好的思维。好的思维品质，有这么几个评价维度：清晰度、提炼度、开阔度、合理度、创新度等等。接下来，还比一个人视野或者格局的宽度。最后比什么？比的是一个人的胸怀。人到了最后，什么经验、什么能力、什么操作方法都是次要的，最终比的就是谁的胸怀更宽广。人的后半生就比这些东西。

二是不能对自我有所作为，就成不了一个好教师。为什么要阅读？为什么要不断反思和重建？都是为了让内生力、自生力强大起来，绵绵不绝。这全在于自己的选择，全在于我们作为教师和教育者能不能教天地人事，育生命自觉。育谁的生命自觉？先从培育自己的生命自觉开始。先要对自我有所作为，你作为教师才可能对他人、对民族、对我们的国家、对我们的社会有所作为。一个教师不能对自我有所作为，他就成不了一个好教师。教天地人事，育生命自觉！这就是所有的教育、所有的教师阅读最终的真谛之所在！

最后，我仍然禁不住我的“劝学”欲望，想与那些愿意改进自己的人分享陶继新老师的观点：“读书可以提升自己的文化，文化不断升值后，整个人生也发生变化了。读书的品位很重要，要选取思想和文化含量上乘的书来读，这样能以一当十，拉长生命。书籍，是一盏生命的灯。从本质意义看，读这样的书，就等于聆听大师的生命点化与智慧开示，从而为生命里积淀下一笔非凡的智慧，会渐渐地嵌入灵魂之中，并与其生命动场相链接，活跃于其大脑之中，彰显于日常的教学之间，为其教学注入神奇的能量，从而令他的课堂在不经意间闪烁出智慧的光芒。”

有自觉改进自己的人一定也会愿意效仿李政涛教授的箴言，去主动地找书读、找事做，达至陶继新老师所描述的读书与生命成长的境界。反正我是下定了决心坚持如此做的，读书、学习、思考、研究、质疑、辨析、笃行、写作，直到生命终结的那天。

把目标转换成习惯

我相信，读书学习不只是为了对多少知识或资讯的记忆和储存，而是获得理解，继而引动认知的重建与更迭。这给了我继续努力或再次出发的信心和勇气。

有时我会鼓励年轻教师做一个自我发展的规划，借此希望他们好好梳理自己的成长目标。当然，大多教师制订的规划中的目标是不错的，看起来会让人欣慰，对他们抱有很大的期待。但事实却不是让人满意的，因为大多没有按照规划坚持下来。我想，主要是由我“好为人师”的毛病导致的吧，规划是被动制订出来的，目标是给他人看的。当他人疏于关注时行为自然会渐渐慢下来，甚至变成一个空洞的规划。

我曾经在微信公众号里看过很多期“罗胖 60 秒”，这是罗振宇老师开发推出的，其简洁独到的文字、逻辑与思想，让我受到多方面的启发，这个坚持了十年的可谓“工程”级别的行动，可贵之处是每天早晨 6 点半的坚持。在罗胖陪伴你的第 3651 天，也就是第十年的倒数第二天，罗振宇老师道出了他坚持“罗胖 60 秒”十年之久的主要原因。

他说:“我坚持发这个‘罗胖 60 秒’，马上就十年了。有人问，你是怎么坚持下来的？靠用户反馈，靠毅力，靠责任感，这些都是答案。但是我觉得最根本的答案，还是把目标转换成了习惯。这是把一件事情坚持做下来的秘密通道。”

举个例子，刷牙，这是现代社会几乎人人都有的习惯。刷牙的好处有很多，保护牙齿、减少体内感染，等等。但是，我们每天刷牙的时候，是为了这些目标吗？不是啊。因为养成了习惯，这些目标消失了，转换成了我们自己的一种需要，每天临睡觉或者早上起来不刷牙，觉得怪怪的。

所以，一个人如果罕见地坚持了一件事情，也许不是意志的胜利，那只是习惯的支撑。习惯，帮我们把目标溶解掉，把它变成自己的一部分。

十年，罗振宇老师坚持到了最后一天。这里面有句话——把目标转换成了习惯，我认为是最为关键的。比如我们教师，目标里有每年做一个小课题研究，每月读一本书、写一篇文章，每天与一名学生深度对话、向一位老教师学习经验，每一节课后撰写教学反思，等等，如果把它们当作自己的成长目标，或是一种任务，持续数年，的确会很难坚持下来，当然理由无非我经常听到的“太忙了”这句话。

虽然“罗胖 60 秒”结束了，但是我还关注着郑州艾瑞德学校李建华校长的“校长 60 秒”，不但学到很多知识，更学到了坚持的精神。

一天晚上我与山东的一个朋友聊天，他说自己不怎么愿意再主动帮助他人了，因为往往收获的是失望。我认同，我何尝不是遇到过多起类似事件？为什么主动帮助别人，却收获了失望呢？原因很简单，不是被帮助之人的主动而为。我们相约，自作多情的事不再做了。当然可能还改不了自己会主动助人的习惯，但内心是这样想的。为什么会有这种怪异的想法？当然是自己主动帮助的那个人因得帮助而不能做到坚持，甚至会在他那里暗生讨厌之感。

以自己为例，虽然我做不到罗振宇老师和李建华校长所坚持的事情，但是我做到了每日读书反思，可以说是形成了习惯，一日不阅读，便感觉好像失去了什么，的确如同不刷牙一样，有些难受。不知不觉，一年读个 20 多本书是很轻松的。我做到了每周写一篇文章，也形成了习惯，把每日阅读学习的东西，在自己脑袋里，或者是心里，不断地过滤、筛选、发酵、提炼，直到诞生自己的想法，有了别样的认知主题，我就动手敲打键盘，很快一篇文章就流淌出来。每两年就会累计二三十万字，出版一本书变得不是很难，发表几篇文章更是轻而易举。与教师进行专业分享，很容易赢得认可，能够给人启发。这些习惯的日常行为，换来的结果，表面上好像是进行了有意识的规划，有自己明确的目标，其实全然不是。习惯已然与目标融为一体，化为自己生活的一部分，甚至是与自己的生命一起存在，达到“无为而无不为”的境界。

罗振宇老师的“罗胖60秒”，还有他每年一度的跨年演讲，我并没有去过多地获取里面的内容或知识，而是细心观察罗振宇老师以及提及的一些案例的思考方法与思维方式，从中抽取那些即使一个非天才也用得着的东西，普通教师也能够学会的方法，然后放在自己习惯的言行中，久而久之就变得甚为实用，容易为己所用。当然，我的那些阅读写作、倾听讲座、与高人交流等行为，则综合了各人的方法，同样会化为己用。虽然这些人多是大家，但天下思考推理的方式殊途同归，我们应该有如此的自信，否则即使有一些习惯化的目标，缺乏思考方法，没有认知转换，坚持下来的行为不会有突破性的进展，形成可喜的成果。

上文中我提到有些人不愿意或不能坚持的原因是“太忙了”，其实还有一个原因，不得不提出，那就是人的情绪。教师很容易被一些突如其来的情绪干扰，成为情绪的俘虏，被外在的各类情绪包裹着，如同一个很大的能量球，停不下被动旋转的脚步，自己的成长主见不能稳固。比如，评先树优失败，会抱怨、会嫉妒；被领导批评、同事误解，会悔恨、会懊恼；遇到不尊重自己的学生家长，会气愤、会伤心；专业进展慢、成绩不好，会焦虑、会着急；等等。教育本身是与人打交道的，是一项很不确定的事业，每天都没有预设的程序，因此，便会时刻发生不可避免的各类情绪。这些情绪极大地消耗着教师的精神，极力控制或调整自己的情绪成了教师的重要生存法则，经常为了他人忙碌而忽略了自己的习惯坚持。

有人会说，一个好的教师必须坚强和勇敢，尤其是在面对挑战的时候，这是教师最需要的才能，但是又很难做到。文章《优秀的领导者，都有六项领导才能》中提到一个概念——脆弱，它是“我们在不确定、有风险和情绪暴露时所经历的情绪”。这引发我的同感，我认为教师也是一群十分脆弱的人，这是他们的职业使命与道德责任感，他们的人性善良的本质天生带着的。“为人师表，以身示范”，一些常人自然可以暴露的情绪，在教师身上需要被隐藏起来，众人把教师看成是没有缺点的圣人，动不动就会搬出一句话——“你是当老师的，不应该如此”。人们不允许教师是脆弱的。

以前我是这样认为的，但是文章中的观点却颠覆了我的认知。“我们现在所处的位置和我们想要达到的位置之间存在着这种差距，而羞耻感就存在于这种差距之中……拥有成功的事业、婚姻和家庭生活的唯一途径，就是变得脆弱。如果你不允许自己脆弱，你就无法在上述任何方面成长。”读后仔细琢磨，一下子释然了。这也类似日本著名作家渡边淳一所提出的“钝感力”，是一种容忍、专注的处事力。

文中还提供了培养脆弱性的策略，我觉得很有参考价值，现提供给大家，虽然只是一些简单的建议，但是我们如果在工作和生活中有意培养，不要刻意设定目标，而是化为自己日常的习惯，我想，同样会收到意想不到的效果。策略如下：当问题出现时，要发现并解决问题，而不是回避问题或毫无建设性地处理问题；带着好奇心、慷慨和真诚的倾听行动起来；根据两种核心价值观来创建和生活；培养自信——如果你自己没有自信，你就无法与他人建立信任；教授建立信任的方法，提供策略，并一起工作；设定明确的界限和责任来遵守它们；不要评判他人；寻求帮助；设想人们最好的一面，慷慨地解释他们的动机、行为和行动；为团队成员培养跌倒后重新站起来的才能。

我最后提个建议，也可以说是一种习惯：情绪管理、人的管理和其他任何事务管理，你完全可以成为自己的领导者，也要学会成为他人的领导者。你会在人们的生活中产生积极影响，建立强大的关系，形成一群人朝着目标努力的繁华景象。这便是“把目标转换成习惯”的功力与效能，不为目标而收获目标。

民间“自组织”形成的意义

一位从教多年的优秀教师，一定会形成自己极具个性特色的实践知识和教育教学主张；一位有研究习惯和能力的教师，能够自觉地整理自己的智慧与思想。他们都能成长为研究型教师。

但是，大多数教师却缺乏这种意识，工作中疲于应付单纯的教学，不再继续学习，没有养成反思与研究的习惯，因而工作的时间虽然不断延长，其经验、主张或思想却只留存于大脑之中，不能清晰地表达出来，最终没有形成一些系统的成果性文字。这样的教师只是一些优秀的“教书匠”。

在基础教育领域的学校里普遍存在着这种现象：教师不容易找到自己职业生命蜕变的突破点，因而不能由“教书匠”转变为教育家型教师。关键原因虽然是教师本人的问题，如教师的自身素质、内在发展动机、家庭因素等，但并不能全怪教师本人。

学校为教师提供了专业成长的环境与土壤，教师在学校里生活，最终会受到这所学校文化的影响，身上留下这所学校的痕迹。学校注重分数，教师就会拼命追求分数；学校注重读书，教师就会喜欢上读书。一般的学校，精力往往全部放在学生的学习与成长上，却忽略了教师的学习与成长。如果一所学校几年没有新教师加入，大家就会感觉到学校缺乏活力，甚至感觉到自己的教育思想和教学观念越来越落后。这是什么原因呢？原因就是多数教师的职业生命出现“停电”现象，没有去选择一条读书、学习和研究的职业发展道路。

因此，学校必须为教师的职业生命负责，营造教师专业发展和学习研究的文化氛围，创造教师学习研究的科学制度与机制，为教师搭建、寻找合适的专业发展平台和机遇。

一提起研究，多数教师马上会产生畏难情绪。刚开始时，往往跃跃欲试；时间久了，便不了了之。如此循环，学校的教学研究和教师专业发展就变成了“两张皮”，教师就不再对研究感兴趣了。学校行政力量推进的教研活动容易引起教师的反感，从而流于形式。大而空的课题研究，给教师设置了“跳一跳却总是摘不到桃子”的尴尬情境。教师们面对远离自己真实生活的研究内容，不知从何处下手，因此丧失自信心。

目前，不少学校的教师自发成立了一些“自组织”。它们不带任何功利，也没有领导与基层之分。这些专业兴趣相近的教师共同营造了一种以“交流合作、互利互惠”为特征的文化价值观，共同体成员谈论的是理论、思想、观点、改革、读书、写作。在无拘无束的研讨中，大家的教育理念得以提升，教师的专业学习得以持续，教育实践不断创新。

其实，这些“自组织”就是学校里的学习型组织。例如，有的学校的“自组织”叫“教师成长志愿者共同体”，有的叫“教师自主发展联盟”，有的叫“班主任专业发展组合”，等等。这些“自组织”的诞生可以说改变了学校的文化系统，学校的校本教研体系得以重构，学校的发展潜质生发出来，“自组织”成员的专业发展都有了显著的提高。

在这样的组织里，往往有一种经典的传统活动——组织成员之间相互讲述自己的职业生涯中发生的故事，也可以叫作教育叙事。我认为，一个个鲜活的故事被教师回忆、梳理、表达出来，这个过程实际上就是一种建构、研究的过程。教师讲述自己亲身经历的故事，这种故事是自己生活中的关键事件，对自己的影响比较深刻。教师对这些关键事件的描述、解释、反思以及引发的行为调整与跟进，是今天的自己与昨天的自己对话的过程，是今天的行动与昨天的行动比较的过程。教师经历的每一个故事都是其专业发展的一次机遇，在思考和行动中，教师得以逐渐丰富积累，自然形成个体的教育实践主张和教育思想。教师再对自己已经形成的经验、主张或思想进行分析、提炼，就可以再一次反观自我，进一步在专业发展上实现自我进阶。这就是学习型、研究型教师的自主成长修炼之道。刘铁芳教授给予如此价值定位：把生活中偶然的教育事件历史化，把平凡的教育生活琐事意义化，把过去的教育经历永恒化。如果教师再能够做到奉献、坚守、创造于教育，就可能成为教育家型教师。

有一些教师，他们分布在全国不同的地区，分别与我保持着联系，他们邀请我监督他们，给他们布置读书、写作与研究的作业，做他们的学习伙伴或学习教练，目的是希望借由他人的关注、监督和引导，使自己不至于因为懒惰和懈怠而放弃成长的初心，不至于因为走错了专业发展方向而浪费生命。我则认为，这是一种从他人身上获取精神力量、优良品格影响的方法，汲取他人的精神和智慧来提升、丰富自己的精神和智慧，这也属于一种学习型“自组织”。

有时与一些教师交流，不少教师说他们从事多年教育工作后，不知道该怎么发展自己了，进入了职业倦怠期。不少校长总说他们的教师工作积极性不高，学习创新意识较差。我则认为不是这样的，是这些校长不懂得不同发展时期的教师们的精神需求，缺乏引领他们向更专业、更高水平发展的素养与情怀。

我经常听教师向我诉苦，他们不敢在学校里读书学习，怕同事笑话。也有一些学校，每天在教师耳根前重复地述说，要成绩，要分数，要名次，以至于教师们都不敢谈读书学习，误认为教师读书学习是不务正业，这是多么不正常的教育生态啊。纵观多数类似的学校，可以归结出两大原因，首先是校长与干部团队不带头读书学习研究，其次是应试教育下的功利性情结在作祟，致使学校文化与管理普遍缺乏教师自由自主成长的空间和机遇。

我认同江苏省柳袁照校长的观点：“校长是‘领读者’，领读者就是领头羊，就像打仗时千军万马的首领。校长带头读书，教师们自然看在眼里，自然会按照榜样的样子，紧随跟上。校长读不读书，怎样读书，是能否成为书香校园的关键，而书香校园才是有品位的校园。”很多学校之所以缺少读书的氛围，多是与校长不喜欢读书、不能坚持读书有关系的。

也有一些骨干教师认为自己虽有教育情怀与工作热情，却感觉多年来总在重复工作，感觉不到业务能力的提升，课堂教学总是在稀里糊涂匆忙中、遗憾中度过，不知道如何继续提高专业水平。学校和上级教育主管部门组织的各类培训很多，但是真正让他们感到很实用的东西并不多。理念是有了，但不会具体实施操作。

这是因为学校里面没有这方面的行家里手来引领他、指导他。现在，不少学校推动课程教学改革，过多地求助于外在的力量或资源，盲目学习效仿他人的经验或成果，但不会自觉采取校本的专业驱动和研究驱动。管理者缺乏专业素养，仅仅靠一些专家的讲座报告是很难推动教师专业提升和课程教学改革的。这就需要校长或教育教学干部首先成为一名课程教学专家，有能力对本校的教师进行专业指导，帮助他们制订专业成长规划，引领教师进行专业的课程教学改革与创新。教师们缺的是有效的可实际操作的方案，但现在的一些培训不接地气，甚至安排的培训活动过多过滥，培训有些过度了，影响了教师安静地读书和思考。

希望各个学校真正沉下心来，从校长开始，潜心读书、学习和研究，让自己变得专业起来，成为自己学校的教育专家。精心组织基于课例研究，教师乐于接受且易于操作，指向谋求教学质量的提高和教育境界的提升的有效校本研修活动。引领教师回归到课堂教学这一原点，用自己的生活体验与生命体悟，聚焦真实教学问题，探寻本质课堂创造，始终把学习植根于教学生活的真实情境之中。并且要长期坚持下去，而不是今年一个主题，明年又换一个项目，这个校长一个理念，另一个校长又一套改进，让教师们感觉不知所措，疲于应付。

为什么有那么多的教师有如此多的烦恼？为什么在教育培训充实的今天，会诞生出如此多的民间“自组织”，教师们纷纷向外寻找成长的组织和伙伴？这种现象值得每一名校长和各级教育主管部门反思。

希望这些民间的群体能发挥它们应有的力量，成为新时代教师专业发展的新动力，转变中国教育的旧常态。因为这种机制成功地打破了教师群体最顽固的封闭性。

寻找“自组织”的教师群体，是不是他们真的在学校里话语权得不到尊重，不被重视？是什么让这些教师走向没有围栏的楼顶，敢于走到体制的边界线？或许这些人比那些下班后就打牌喝酒或专注从事第二职业的人更有教育情怀，更值得尊重，或许他们需要自由、需要平台、需要被认同。于是他们“偷偷”地寻找外在的适宜环境和真正能够相互理解的“合伙人”。

“自组织”会让教师教育生活中的生命成长“火种”，在共同体成员之间的同频共振中被点燃，因此可以找到教师教育教学生活的“光源”，唤起教师心灵觉醒的力量。希望这些人真能有一种勇气和智慧实现“自专业成长”，敢于突破学校体制的框架，大胆地追逐自己的教育梦想，不断开拓自己的空间。

也期待教育部门和学校发现这种现状与现象，对新形势下的教师群体进行科学有效的专业发展和精神成长的引领与研究。

你需要做的只是停下来

晚上我休息得很舒服，很平静。这源于我日益清晰的心灵，学会了清除过去的一切记忆、情绪与轨迹，也随时清理当下的过载信息，不断清空的自我变得无比的轻松。

坐在四处被高楼围绕的办公室的椅子上，眼睛往外注视，看到了楼群缝隙间的蓝天，是如此清澈的蓝。每一栋楼都安静地矗立着，虽然具体到楼内每一个房间里的人，会有各自的生活，但是这些化为整体，于我而言，感觉到的是实实在在的沉寂。有一种奇妙的现象发生了，我如坐在一个低低的山谷里，四周的高处，向我流淌下源源不断的能量流，我吸收这些外在赋予我的礼物，内在越来越充实。

身体有个地方已经疼痛十几年了，每次体检医生都说没事。我曾经去看过西医，也看过中医，吃了不少药，但就是不管用，那个地方还是疼。最近感觉好多了，不怎么疼了。这是我晚上休息质量好转的直接结果。大家可能会问："这是怎么回事，不治反而好多了？"我采用的方法很简单，日常饮食以少为原则，日常生活以简为原则，我随时清理不应该存放在我身体里的东西，变得随和、宽容，我原谅了一切外在的不足，更原谅了自己的执着。一切都是自己的原因导致的结局，我在反省自己的观念和行为，以求改善自己，祝福所有的人和事。

世界就像流动的液体，不会一成不变的，世界的不确定性是常态，我们需要适应它。不确定才会迎来丰富多彩，才会带来不期而遇。春天来了，我欣赏百花齐放；夏天来了，我欣赏万物葱茏；秋天来了，我欣赏层林尽染；

冬天来了，我欣赏雪花飘飘。我接受大自然的所有，它们都是我的能量源，让我融入其中，其乐融融。

表象就在我们眼前，我们看着蕴含着自己的生活画面。但表象背后是什么？这些生活画面是怎么呈现出来的？其实不用疑惑，也不需要什么工具来启发。答案就在这里，也在那里，在自己清明的简单里，在自己专注的学习里，在自己慈悲的灵魂里。

清除，让自己一无所有；清除，让自己重新吸纳；清除，让自己丰盈轻松。我喜欢上了清除的生活。

上面的文字是我的心情释放，它表达了我的一个观念：对待有些事情，不必太过执着，只要学会随时清除的技巧；想解决一些问题，不必有太多行动，需要做的只是停下来。

写完文章，我开始阅读马歇尔·古德史密斯与马克·莱特尔所著《习惯力》一书，发现其中列举出的20个让人犯错而不自知的魔鬼习惯，让我不自觉地对号入座。

伴随着我们职业生涯的不断向前发展，尤其是发展到比较优秀，甚至卓越阶段的时候，这些习惯会越来越多地内存在自己身上，并且我们浑然不知，身边的人更不方便直接告知。

其实，除了自己学识和专业方面的能力素养需要提升之外，如果自己想进一步成长和发展的话，我们需要改进的，还有自己行为方面的问题。下面我列举书中总结的这20个魔鬼习惯。

1. 求胜欲太强：在任何情况下都要不惜一切代价去打败对方，无论这样做是否值得。

2. 太喜欢加分：不管有没有必要，每次讨论的时候都要发表一番自己的见解，对别人进行提示或引导。

3. 太喜欢点评：总要对别人的说法评论一番，把自己的标准强加于人。

4. 总是发表破坏性评论：总是为了让自己的言语听起来更深刻、更诙谐而说出一些不必要的讥讽的话。

5. 喜欢用“不”“但是”或“可是”开头：过多地使用否定式过渡语，实际上是在告诉对方，“你错了，我才是对的”。

6. 告诉世界你有多聪明：总要告诉周围的人你比他们想象的更聪明。

7. 乱发脾气：经常在愤怒的时候跟人沟通，把情绪波动作为一种管理工具。

8. 否定别人或故作高深：总用自己的负面思维去影响周围的人，即便是在毫无必要的时候，比如“让我来告诉你这样做为什么不行”。

9. 隐瞒信息：为了使自己占据一定心理优势而拒绝分享信息。

10. 不懂得赞赏：不懂得表扬或激励别人。

11. 喜欢抢功：总是高估自己在某项工作中的作用。

12. 喜欢找借口：总是把自己的坏习惯归结为某种无法改变的原因，以此来为自己的行为开脱。

13. 把一切都归咎于过去：总是把自己的失误和缺点归咎于以往的人或事，其实是在掩饰自己的过失。

14. 偏袒拍马屁的下属：不能公正地对待周围的人。

15. 拒绝道歉：拒绝为自己的行为承担责任，拒绝承认错误，不承认自己的行为影响到了他人。

16. 不懂得聆听：不能耐心地听完对方的讲述，总是催促或暗示对方快点进行下一项，快点结束。

17. 不懂得感激：不懂得说声“谢谢”，总认为别人为自己所做的事情是理所当然的。

18. 惩罚报信人：错误地攻击那些本来想要帮助你的人。

19. 乱找替罪羊：总是把自己的过失推到其他人头上。

20. 过于强调自我：把自己身上那些无法改正的缺点看成美德，总是强调“我就是这样一个人”。

书中介绍了一个比喻性的解决方法：设想一下，你面前有个盒子。要想做个好人，你需要在盒子里堆满各种微小的积极行为，你每天要用很多细微的行动来为自己树立一个新的形象。你要用很长时间才能把盒子装满，而要想让人们注意到盒子已经满了，则需要更长的时间。相反，“不再做个混蛋”则并不要求你有任何新的行动。你不必用任何东西来装满盒子，只要把那些消极的东西倒出去就可以了。

这个比喻告诉我们，想要改掉一些坏习惯，并不需要你付出太多，你不需要想出新办法来改变自己的性格，也不用每天给自己布置一大堆任务，更不用时时告诫自己要说好话恭维别人，或者用一些善意的谎言来缓和办公室气氛，你只要停下来就可以了。

当有人在开会的时候提出一个不是那么聪明的建议的时候，不要去批评，什么也不要说；当有人对你的某个决定质疑的时候，不要立刻争辩，也不要为自己找借口，闭上嘴巴，静静地考虑对方的建议；当有人提出一个对你有帮助的建议的时候，千万不要告诉对方你已经知道了，说声“谢谢”，然后保持沉默。

事实上，这些建议的美妙之处恰恰在于它们做起来非常简单，你只要学会“清除”与“停止”的技巧和智慧。当感觉到自身有很多条缺点时，你可能认为要想完全改变是很困难的，其实完全不必着急，本身意识到缺点的存在就为“清除”和“停止”提供了机会。

再回头看看前面提到的20个魔鬼习惯，检查一下自己。通常情况下，你不大可能同时拥有所有坏习惯，你所拥有的坏习惯可能只是几个，而且这些坏习惯，也并非都已经严重到令人担心的地步。

如果在20个人当中只有1个人说你喜欢“借题发挥”，那不妨暂且不去考虑这个问题。但如果20个人中有16个人说你有这个坏习惯，那你就要开始纠正了。就这样，对照清单，一点点地把亟须改掉的坏习惯删减到只剩下一两个，然后你就知道该从哪里开始了。

我学会了经常说这样的话：“对不起，请原谅！”“谢谢你！”因为我明白了：当别人向你说声“谢谢”之后，你还能做什么呢？你唯一能做的就是说“不客气”。感谢是一种能力。道歉并不会花费你太多成本，你甚至不需要放下你那虚幻的自尊。道歉也是一种能力。

如果能做到这些，你将会惊喜地发现，越是克制住那种表现自己的冲动，你在对方眼里就会变得越了不起。成长精进与突围，就从说声“谢谢你”“对不起”开始吧，学会清除过载的信息，学会聆听所有人的话语，发现其中的道理。

创造有意义的生命片刻

我认真阅读了一本书——《行为设计学：打造峰值体验》，其中两篇序言中作者的观点触动了我，让我对每天的生活体验有了改变的信心，也有了改变的策略。

序一是物理学家、畅销书作家万维钢老师写的，第二段话给我深思与启迪："有些瞬间给你留下了美好的回忆，有些瞬间让你充满荣耀，有些瞬间给你带来了影响一生的启示。我们在某种程度上就是被这些瞬间所定义的，它们能告诉你到底想成为什么样的人，你到底能做什么，你到底想要什么，你到底能承受什么。也许人生的意义就在于体验这些瞬间。"

序二是心理学者、进步空间创始人刘轩老师写的。第十段打破了我过去的认知："我们一生中的每一天，都充满了各种稍纵即逝的片刻，而且多半不会给我们留下任何印象。但当我们回顾一生时，往往会发现，那些改变我们最多的，都是一些'有意义的片刻'。当我们理解了这个道理时，就可以采取行动，主动设计我们生活中的各种经验，为自己、他人，甚至我们的工作/品牌，创造出有情感、有力量，让人一辈子难忘的'片刻'。"

该书中也说，我们经常是"配合演出"的任命演员，许多时刻都是我们在被动接受，而不是主动创造。所以，能够用心咀嚼生活中的点滴，从平凡中创造出充满力量的片刻，对我们人生的整体幸福感非常重要，而这些也都符合积极心理学领军人物马丁·塞利格曼博士所提出的 PERMA 幸福方法论，提醒我们"更加用心地对待每一刻，有意识地创造真正属于自己的幸福生活"。

其实，我们身边的学生，常常会主动地为老师创造一些这样的"有意义的片刻”。记得2022年元旦那天早晨，我在办公室里处理事情，门是关着的，我听到外边有悉悉索索的声音，感觉有几个学生在小声说话。我走过去打开门，让我吃惊的是，几个初一的小男孩正在给我张贴春联，字是学生用毛笔写的，他们在忙碌着。我陷入了深思：这几个小男孩是平时比较调皮的，因此我遇到他们时会与他们多交流两句，有时拍拍他们的肩膀，有时摸摸他们的头发，有时关心他们的饮食，有时鼓励他们玩耍……这些与他们不经意的互动，可能给他们带来了欣喜，因而他们也来给我带来欣喜。于是，我回到办公桌旁，也用毛笔在裁好的红纸上写了十几个“福”字送给他们，并告诉他们也有送给他们班级的。

其实，这个场景就拥有这本书介绍的打造让人难忘的峰值瞬间的四种因素。第一种是欣喜，即制造惊喜，给对方超乎寻常的感受。第二种是认知，即让人获得一个洞见，意识到自己的潜能或者不能。第三种是荣耀，来自认可，来自里程碑的设立，来自关键时刻表现出的勇气。第四种是连接，即和他人联系在一起的感觉，共享美好或痛苦时刻。

上面我与几个孩子互动的场景很形象地展现了这四种因素：因为欣喜，我和学生转变了认知。学生们认为，原来校长这么平易近人，关怀他们，与他们平等地交流，成为朋友，从而带给他们一种在班级、在学校里的荣耀感，产生改变自己、勇于沟通、积极上进的情感和行为。这些孩子与我的生活、生命从此联系在一起，他们总是出现在我的视野中，主动与我打招呼，与我分享他们生活中的故事，我看到了他们惊人的变化——变得越来越知礼、安静。

我也转变了认知，原来还可以如此与学生交流，原来每一名学生都是可以改变的，校长还可以这样做。认识的转变为自己的职业生命带来了荣耀，有每一名的学生的尊重、认可，萌生了更加关爱孩子、热爱教育的积极情感。与孩子们进行日常的交流互动，走进孩子们的心灵世界，从而与他们建立了深厚的友情，有利于孩子们社会交往素养的熏染。

这些孩子教会了我一种新的生活方式，这会给我今后的教育人生，以及自己的生活带来另一种生命体验。比如，作为一名老教师，我会遇到几个有上进心的年轻教师，他们找到我，希望我带带他们，帮助他们进步。其实，这是给我一次打造巅峰时刻的机会。我会与他们一起确定阅读计划，帮助他们修改文章，与他们一起探讨课堂教学，推荐他们的文章发表，庆祝他们的收获，等等。这些都会给我们彼此带来欣喜，让彼此感觉全神贯注、兴高采烈、惊喜交加、动力满满，感觉到责任的重大，能够沉浸于当下。这些行动让我们彼此产生认知与转变，收获了信心与成长，这种认知时刻带来巨大的正能量，会有很多的顿悟、创意与发现，甚至可能会有突破，实现快速发展。共同努力带来的收获、成果与成就，反过来点燃起彼此的荣耀感，让自己更有勇气追求更高的目标，实现更大的进步。加深彼此的感情，构建基于共同愿景的学习共同体，与社会更广范围的人建立连接，产生共同使命感，为自己的理想而勇于奋斗。

有了观念的转变，更加珍惜每天的每一时刻。因此，我特别注重保持好自己每天良好的心情。一名校长，他的心情如何，比如是高兴还是愤怒、是激动还是烦恼，将决定着这所学校里所有人的心情，自然也会影响着学校里的各项工作。

心情变得好起来，接连不断的好事情也伴随而来。上午，我在山东工作时教过的学生到北京出差，顺便过来看我，我们一起回忆了当初的生活。学生说："我记得你那时与其他教师不一样，总是有一些创新的活动。比如你带领我们班去黄河边的树林里野炊，与我们一起参加越野赛。"下午，我连续走访了两位语文教师的课，并与他们做了较为深刻的交流，只是多多地鼓励，没有任何批评或不满的情绪与表达。又找来两位年轻教师，进一步督促指导曾经交给他们的任务。我联系好《现代教育报》的编辑，让她俩负责征集学校教师和学生的作品，并进行编辑，帮助教师和学生在报上发表。她俩感觉很难，找了些借口，比如说时间问题、水平问题等。我做了耐心的指导，我说这些原因都不是完不成任务的借口，是他们的工作思维方式出现了偏差，他们没有找我提出过这些困难，或找他人寻求解决问题的策略。我知道年轻教师的成长需要时间，需要鼓励，我继续期待他们的作品。

晚上回家，我在学校班子群里发了两个通知：一个是通报班子成员 3 月份撰写的散记完成情况（每个月我都会催促一下），另一个是月末将继续组织干部读书论坛，每个人都要分享自己的学习心得。如果想构建一个学习型管理团队，学习与学习力是必不可少的。但是仅仅通过听几场讲座或浮光掠影地看几本书是不够的，我采取的措施是“以写促读”“以写促研”，用学习的成果倒逼大家的阅读、思考与研究。

在我的观念中，好的学校应该成为一个“学习型社区”。在这里，成年人和学生一样，都是积极的学习者，学习对他们来说是特别重要的事情。因此，这里的每一个人都鼓励别人学习，我乐意在一个可以形容为“学习型社区”的学校里工作，在这里，学生、教师、家长和行政人员都有机会和责任参与决策，这些决策影响着校园里的所有人。我邀请一些教师做一些事情，其实就是给他们做领导者的机会，参与学校的一些决策。

这建立在相互信任的基础上。如果学校建立在信任的基础上，那么无能的、懒惰的教师就会被暴露出来。只有以一种与教师职业相符的方式信任、培养和尊重教师的时候，学校才会健全，充满活力。

我愿意在这样的学校里工作，它有着高水平的共同管理精神，经常充满个人交流和工作互动，我会对这样的学校生活感到兴奋。在这里，冒险的气氛得到慎重的维护，人与人之间的重要差异受到赏识，而不是被视为要补救的问题。学校应该乐意接受富有批判精神的人，我会感谢那些为自己和学校提出建设性意见的人。上午大课间，因为需要教代会通过学校里的两个重要制度，教师们都开诚布公地提出了自己的想法与修订意见，让这两项制度更趋完善与合理。

我想，我愿意在这样的学校里，我的同事们愿意选择留在这里，是因为我和他们都认为自己的工作对别人和自己都重要。心情的变化给了我一个重要的机会，开始思考如何让学校成为没有人想要离开、每个人都想再回来的地方。

我认为，要想实现我未来的教育目标，从而影响学校教育方方面面积极发展，就要用心、刻意地创造“欣喜、认知、荣耀、连接”这四种峰值瞬间，打造“有意义的生命片刻”，体验人生的绝好幸福。

学会有自我觉察地行动

参加了某学校教师关于市级课题中期研究过程与成果的一次汇报活动，我发现了不少一线教师在这方面的缺陷和观念固化的现状。且缓论其选题的新颖与适切，文献综述的规范与精准，概念阐释的科学与清晰，目标、内容与方法的逻辑、路线等课题研究要素的具体问题，仅谈谈所有课题组主持人汇报时，都提出了如下两类问题：一是缺乏理论指导，没有做课题的经验；二是事情太多，找不出专门做课题的时间。

我邀请了两名课题专家，我们三人分别对其课题中期汇报情况做了针对性的指导，在此过程中我反复表达了两个观点：一是教师缺乏主动学习的意识与学习的能力是教师感觉困难的主要原因，理论与研究的策略完全可以通过学习、阅读相关书籍和文章，或向有经验的教师、专家学习获得，今天的新理论与新理念和一线教师之间已经不存在太多的信息不对称，无论是一线教师还是专家，大家都可以同时获取第一手资料；二是一线教师的日常工作与生活就是研究的实际内容，研究的问题就在其中，是课题的源头活水，并不存在没有时间的问题。

这里面有观念保守和思维固化的原因，不少教师认为自己的工作就是教学，研究不应该算是自己的任务，把研究作为副业对待，这是很多人对中小学教师职业角色的一个误解。《基于设计的学校教育》一书指出，教师不仅是承担教学这一角色，还应该是课程贡献者、结果分析者、持续学习者和学术领导者。我认为这个观点是很有道理的。中小学一线教师从事的是实践性的工作，应以行动研究为主要方式，日常的行动就是研究的过程与方式，不可认为研究与教学是两码事，二者是互相促进、共同运行的。

有理论指导行动，不会偏离教育规律与方向，但只有实践才能落实理论。这就看如何把理论转化成适合自己的实践了，同时，还要有提炼自己的实践经验，构建自己的理论的过程。如此循环，方可成为一名明明白白的教师，体现出教师的全方面能力和水平，有助于教师走向全面发展，做到教育的高质量、高品位。我想，鼓励一线教师做一些课题研究，其意义即在此。

也是在同一时期，我与这两个专家朋友一起，在河北省某县一位校长的邀请下，参与了该校的学校理念文化与三年发展规划的研制，我认为这样的行动方式是真实完整的学习研究姿态。该校是一所新建学校，投资巨大，学校建设理念既传承了当地的文化与传统，以“匠心精神”为主题元素，嵌入书院文化元素，同时又面向未来，取“智慧”与“生态”为关键词，营建高标准的智慧校园与生态校园。这就为学校文化提炼与构建提供了丰富的内涵文化依据。

结合党与国家的方针政策和新课程标准改革理念，我们组织团队成员进行了学校文化理念提炼的理论学习、案例分享，并采取对话的方式，每人都要说出自己未来学校的表达方式与创建愿景，说出自己学校的优势、困难、风险与机遇，说出自己发现的理念关键词，然后团队进行了多轮研讨，形成初步方案，再由专家梳理提炼，最后形成完整的文化理念主题、体系与内容。这样，既体现当地政府愿望、符合国家育人目标、传承中华优秀传统文化，又能做到面对创新发展实际、应对未来教育变革挑战，凸显学校独特韵味的理念文化诞生了。下面是研讨成果，放在这里供大家进一步讨论完善之用。

办学使命：潮领有恒教育　悦艺品质人生

学校核心理念：恒

学校精神：立恒志　养大成

办学理念：以有恒之心　育有为之人

学校校训：有志　有识　有恒　有信

学校校风：爱润心田　善泽天下

学校教风：志道游艺　抱朴求真

学校学风：乐学善思　持之以恒

培养目标：培养守善真、养良习、乐勤学、勇实践、悦雅艺、美身心的有恒学子

管理理念：一坯之力　琢玉成器

我建议，对这套理念的具体解读阐释，仍然先由学校团队分工进行，让大家经历这样的头脑风暴过程，经历认知的不断切磋磨合，然后再由一人进行整合形成统一的文稿，请专家对此文稿进行修订完善。这样，学校团队的每个人都参与其中，理解其由来、过程，便于今后文化与课程等的落实与构建。这种方式的研究也正是实实在在践行学校提出的“恒”的核心理念与精神，如当地定瓷烧制的程序——一坯之力，琢玉成器。

我对该校长说：“这些成果是想象与创造的结晶，是每个人参与努力的结果，是你们的文化信仰与实践产品。”肯·罗宾逊与凯特·罗宾逊所著的《罗宾逊谈教育的使命》一书中有这样的一段论述：“无论最终产品是艺术品还是科学发现，抑或是食谱，在最开始，创造者都很少以成品形式对其进行构思。更多的时候，想法并不成熟，会被打破和调整，甚至被报废和放弃，又在最终产品诞生之前以新的形式复活。即使是伟大的人物也要经历这个过程。据说达·芬奇花了 4 年时间才完成《蒙娜丽莎》，而美国作家和诗人马娅·安杰卢在讲述她的写作过程中说：‘我不断推敲文字，耗时良久，才使作品宛如歌唱。’”

我很欣赏这种“工作坊”式的行动工作方式，如果文章开始那些做课题的教师们也如这样，在开题时就对课题主题、概念等进行想象构思、反复研磨、提炼精华、捋清思路，就不至于出现如此多的问题和困难了，因为从中学会如何学习和研究了，一切变得如此清晰、分明，行动也就有力度、有效果。

回到文章开头我提出的两个问题，可以归结为一个观念作为解释：多数

教师对自己的思想或行为没有觉察。我们对自己早已习以为常，也习惯了无意识的合理化。所以为了更安全和更美好的生活，我们对自己的身心和精神的状态需要有一个感受和了知。古人云："知人者智，自知者明。"一个人如果知道自己处在什么状态，自然会有所为，有所不为，知道适时调整。

比如，此刻在读书，发现自己是相对稳定安心的，偶尔有一些想法会跳出来，但并不影响看书，这是相对清晰稳定的状态。但是，身体坐在这里，在看书，但想法很多，就像站在马路旁边有很多车和人经过一样，感觉很混乱，每个字都认识，但背后的含义完全进不到自己头脑里，这是处在不专注的状态，不能平静地学习、思考。更严重的是，自己常常意识不到自己在这种状态下，也就是对自己的生命状态没有清晰的觉察。

这就会导致在散乱不定中随波逐流，会受到各种力量的影响而不自知。久而久之，形成早已习惯的固化思维和条件反射。因此，一线教师有那样的托词也就不足为怪了。

我想，如果大家能够做到长期在清晰稳定的状态下生活、工作，也就是能在体察自我身心和精神的状态下生活、工作，会身心更健康、学习更知趣、研究更有法、行动更得力、事业更顺利、家庭更和谐。

印度哲学家克里希那穆提有一段名言："我们必须避免有意识地或无意识地渴望他人的支持与鼓励。一旦我们依赖他人的指引，我们便会忘却原来的意图，失去唤醒个人的自由和智慧的机会。切记，任何权威都是一种阻碍。"我多次反复阅读并试着理解这段话，当遇到需要解决的问题时，需要靠自己的觉察跟进和自觉的学习经历，实现从知识层次的转变到态度变化，再到行为变化，所遇到的人会用一种充满爱心的方式与自己积极互动，此时自己的潜能与创造性才会被唤醒和激发，这是挽救自己、实现自主成长的极其有用的方法。

PART 2

第二辑

清除禁锢自己的藩篱

导语

《礼记·大学》中提出“苟日新，日日新，又日新”，教师的成长也应如此，要有不断学习、不断进步、不断挑战自我、不断追求卓越的态度，要时刻保持积极进取和开拓创新的精神，持续精进自己，绝不能停滞成长。对于那些渴望成为名师的人来说，他们对自己的专业发展有着更高的追求，应当通过“再圣化”激发内在的发展动力，从而更加积极地进行自主发展。

然而，在我们生活和成长的道路上，存在着许多藩篱限制着我们的发展。这些藩篱包括但不限于：消极的思维模式、对失败的恐惧、墨守成规、心理脆弱、惰性思维、世俗偏见、欲望、固守旧有生活模式、急功近利、止步于优秀不再提升等。为了进一步成长，我们必须清除这些禁锢自己的藩篱。

首先，要打破自我设限的牢笼。我们不能总是暗示自己这也不行，那也不行，从而放弃努力，不敢尝试。不要害怕失败，不要担心损失自己的价值或损害自己的形象。我们也不必恐惧未来的发展，不必固步自封。很多时候，困住我们的不是问题本身，而是我们解决问题的思维方式。我们需要觉察到自我设限的心理和习惯，积极通过多种途径提升自己，转变信念，重拾信心，开发潜能，摈弃惰性思维，调整观念，敢于尝试新事物，迎接挑战。同时，我们也要敢于打破旧的生活模式，用阅读唤醒自己的生命成长，消除焦虑，变得内心强大，重建自己。

此外，我们还要学会过一种“无限思维”的人生。这样，工作就不再是被动的，也不再是为了争夺眼前的输赢，而是用来体验人生的不同可能性，不断完善自己，力求认识事物的本质。这样，我们的格局就打开了，不再患得患失，因为我们追求的是不设限的自己和不局限的人生。

从自我设限中破茧突围

记得小时候，因为体弱多病，是依赖父母、祖母等身边的亲人长大的，那时自己一点力量也没有，不能干一些农活，又吃不下饭，瘦弱的身躯被亲人们呵护着。上学了，身体好多了，除去依然依赖着亲人们，还有自己的老师和同学们。如果没有他们，我如何得到良好的教育，受到鼓励，纠正自己的不足？没有同学们，哪有友谊？与谁交流？有强壮的同学欺负人，有谁站出来帮助我？我依然被老师们、同学们呵护着。工作了，上有领导，身边有同事，还有自己的学生，学生的家长，这些人我都需要依赖。没有领导的支持，我哪有自己的进步？没有同事的鞭策，我哪有交往的技巧？没有学生的配合，我哪有成绩的取得？没有家长的支持，我哪有顺利的管理？

即使我的妻子、儿子，我也感觉在一直依赖着他们。比如简单的生活中，妻子为我做饭，给我买新衣；儿子积极向上，理解我。我需要他们的加持，需要他们给我理解，给我喜悦。自己追求进步，几经更换工作单位，从一个地方搬到另一个地方，从一个单位换到另一个单位，我都依赖我身边可以遇到的重要他人，领略到不同的令人陶醉的教育风光。

我的确依赖成性了，总想着如法炮制，甚至达到了执着的地步。习惯设定一个目标，就想去寻找所依赖的人。因此有时内心会有激烈的冲突，因而痛苦、焦虑。不安全感时刻围绕在自己的周围，让我内心不安宁，有时还会萌生出嫉妒、不满等情绪。我觉得我是生病了。但是这种病又不能去医院找医生，我明白医生就是自己，需要自己进行自我诊断，自己下药治疗。

窗外的秋雨还淅淅沥沥地下着，那些树上的变黄的叶子一直在风中往下飘落。天上的云灰蒙蒙的，有些压抑。我感觉得到，这样的天是有些情绪的。如我的思绪，飘飘落落，朦朦胧胧。我有下楼走出去的想法，于是就穿上外套，走下楼梯，往小区里的路上走去。

拐弯处，听到有人喊我。原来是一名刚认识不久的同事，我们在同一集团工作，但不在一个学校。我们互相寒暄，知道彼此都是晚上想出来散散步，于是达成共识，一起去寻找离小区不远的一个湿地公园。

我俩本不是很熟，彼此说话很少，目的是一起结伴散步。一路上车辆很多，我们躲躲闪闪，穿过五六个十字路口，从一个旁门走进这个公园。我们沿着步行道一路走着，简单地聊着。路上行人不多，可能是因为天气不好，有些阴冷的缘故。从同事口中，我知道她心里有一种遗憾：两年来，她参加的正高级教师职称评定和特级教师评选都与自己无缘。

于是我就与她交流了我的上述感受与观点，她基本认同。我能感觉到，她还是不甘心。我对她说，我们需要坚持积极进取，但是不能执着于结果。抓住机会，努力争取就好。如果不成，说明这扇窗户对我们关闭了，但是我们要相信，会有另一扇窗户为我们打开。我们一路达成了一个共同的意见：按照自己喜欢的、自己的专长持续探索研究下去，自然会有适合自己的那扇打开的窗户，那才是自己真正生命的依托。

目前需要做的，就是放空自己固执的思维，不要再依赖任何人、任何事、任何观念。去除自利心，对自己进行根本的革命，多了解自己，认识自己，觉察自己。不用欲望强迫自己行动，不带着结论和答案生活。当你不再有依赖之心，自己就会清明起来，不再进行比较，专注于自己的实际之事，幸运之神会时常飘然而下，围着你旋转、跳舞、唱歌、吹笛。

2022 年某校长曾对我说："明年暑假新学校将要招生，想做一个规划，从办学理念、学校文化、课程与教学、教师发展、学校制度等方面做一个全面清晰的构思与创建，突破本地区教育固化的思维模式，真正做到能够为孩子的全面发展、未来成长负责，办一所优质的能够引领全县教育的理想学校。"

我建议从做学校三年发展规划开始，通过制订规划的过程，引发大家头脑风暴、思维碰撞、观念生成。这需要校长、副校长、部分干部和骨干教师参加，共同行动起来，以集体的力量与智慧来完成这个规划。在第一次研讨会上，是与一起筹建新学校的干部和教师沟通的，方式是大家提出问题，我进行回答，一起探讨一些关于规划制订的初步想法。

大家都提出了很好的问题，不过都很尖锐。比如，最集中的问题是："如果我们采纳了先进的理念，影响了教学成绩怎么办？我们这里是最看重成绩的。尤其是我们采取这种理念，而身边其他学校仍然是以抓成绩为主，我们失败了怎么办？"

我反问他们："我们在追求更好的理念，寻找更有效的策略，不是为了更好的教育质量吗？怎么会有冲突呢？很显然一个重要的原因是我们受到了身边环境、做法和观念以及自己原有的思想、看法的影响，也存在这么好的学校交给我们万一失败了怎么办的担忧心态，还有就是还无法找到更适合的、科学的有效方法与途径。我感觉得到，大家处于'自我设限'的状态。"

《打破自我设限的牢笼，你比想象得（的）更优秀》一文给出了"自我设限"的定义。自我设限是指一个人在某种特定条件下形成的固化的消极思维模式，在这种思维模式下，人总是暗示自己这也不行，那也不行，从而在行为上表现出不愿努力，不敢尝试。

文中还总结了出现自我设限的原因。这是一种自我保护策略。人们很容易担心因为表现不佳而破坏自身的形象，如果提前在成功路上设置障碍，失败时就可以理直气壮地面对了：自己的失败是有原因的，是因为外界环境的不可抗力，而不是自己不够优秀。这样可以避免因为失败损失自我价值，从而保护我们的价值感，维护我们的自我形象。

虽然自我设限可以保护价值感，但同时也会带来一些负面影响。首先，自我设限会让人丧失做事的目标。比如，觉得自己无论怎么做都达不到目标，干脆就选择躺平摆烂。其次，自我设限会损害个体的想象力和创造力。比如，觉得自己的想法不会被采纳，干脆就选择不表达出来。再次，自我设限容易让人变得自卑、狭隘。

纳西姆·尼古拉斯·塔勒布的著作《黑天鹅》里有句话："挡在你面前

的，只有你自己。”很多时候，限制我们的不一定是外界，而是我们内心的固步自封。唯有清除禁锢自己的藩篱，才能看到更大的世界。

很多时候，有些难题解决不了，或许并不是问题本身太复杂、太难，而是自己习惯了给环境、观念、途径和能力设限。上面学校干部之所以会提出那些问题，实际上是习惯了给自己设限。面对如何营建一所高质量、高水平、面向未来的学校，面对诸多未知和不确定的挑战，还是停留在以前的思维方式上，暗示自己或习惯认定“我做不到”“我害怕做”，这是还没等迈出第一步，就先设置了心理障碍。

有句话说得好：“沿着旧地图，一定找不到新大陆。”大多循规蹈矩的学校，实际上是陷入了过去和身边惯常的习俗，其实我们不能过于责怪这些学校，它们身处这个“茧”中，很难凭一己之力“破茧”。有的校长或教师说，还是遵循习俗吧，只要不出问题，丢不了校长这个职位或教师这个饭碗就好。这是害怕一旦“破茧”，就会受到周边环境的伤害。大家自然会选择墨守成规，跳不出惯性思维。殊不知，还有一种现实：墨守成规也是一种危险的行为和态度，有时也容易被淘汰掉，尤其是面对新的挑战和机遇时。更重要的是，面对自身的成长，自己把自己淘汰了。

我想提出一个观点：我们完全不必恐惧未来发展，不必固步自封，很多时候，困住我们的往往不是问题本身，而是我们解决问题的思维方式。那位校长感动我的地方，就是她和她的团队不想被固有的思维限制住，想突破原有的认知，让思维不断升级，找到破局的方法，开创新的教育场景。在他们心里正描绘着一幅美好的教育画面。

采铜在《精进：如何成为一个很厉害的人》一书中写道：“当我们陷于某个人生困局时，困住我们的不仅有外界的客观现实，还有我们过去的经历、习惯和思维惯性。这些东西会在我们思考时自动植入‘隐含假设’，从而限制了思考的角度和范围。”“隐含假设”就是潜意识中的思维惯性，它常常把人局限在眼前的一亩三分地，以至于无法从其他视角来看待事情。

我想，那位校长之所以非常重视在学校正式运行前就做好发展规划，是想让自己、干部和教师懂得打破常规、换个角度思考。在这个规划过程中，嵌入各种学习，探索出更多的可能，让大家的思维转个弯，清理一下自己头脑中的记忆、观念、做法、程序等原先的内存，跳出舒适区超越自我，然后启动迎接新观念、新事物、新使命的按钮，让大家重新标注、定义、聚焦、赋值学校发展的传统、文化、策略和行动。

我建议那位校长：第一，启发大家觉察自己存在自我设限的心理和习惯，不耻下问，不断地清除过去或顽固的内存信息和数据；第二，通过多种方式的学习提升自己，从实际经验中吸取知识，转变信念，重拾信心开发更有力量的潜能；第三，增强自己的耐挫力，坚定内心，摈弃惰性思维，敢于尝试新事物，拥抱挑战；第四，懂得不断调整自己的观念，锚定使命与愿景，把握机遇，探寻最佳行动路径和策略。

“为学日益”更需“为道日损”

老子所言“为学日益，为道日损”，于今，我感触颇深。每天，我做到了读书，可以说是日所有益。每天也做到了反省，至于“道损”多少，还远远不够。这是我天天疑虑的根源，常常喜悲参半，日夜督促修正自己的动心起念。

“为学日益”反而觉得“为道日损”，常常弄得自己越发不已，不能心甘情愿，便找遍自己时间和精力的可能性来弥补。此状态是否于身心合宜，不可考量，好在自己不断调理修炼之法，勉强过得平稳的生活。

12 月的一个周末，格外宁静。外出，遇不到几个人；在家，在单位，都是三五人而已。可谓是“为学日益”的大好时机，自然“为道日损”也颇有心得，日趋长进。

与两个故友聊天，关心彼此，给这寒冷无情的日子增添点温暖气息。一朋友感叹道：“以前太幼稚了，总是想帮助他人，但是现在想想，并没有真正帮到多少，有时还会越帮越麻烦，原来自己还是弱小的。五十多岁了，终于明白了‘立己达人’的真正含义，先强大自己才能更惠及别人。”我对另一个朋友说：“最近一直有失落的感觉，好像是因为回想起自己工作生活过的地方，一种不舍得的惆怅在心头盘绕，不仅回忆那些地方的鸟语花香，一砖一瓦，更常常想起那时的人情温暖、人间大爱。其实，这种恋旧的心理没有毛病，但是有一种感觉不好，我察觉到了——竟然舍不得我曾经在这些地方的付出与硕果，这让我立即有了警醒，这是不是‘为道日损’的状态有问题了？”朋友说：“有道理，你还没放下你的傲慢、自私，那些东西不是你的功劳，是那里的人、环境、风俗、道德赠予你的，你需要做的只有感恩。最重要的是，你需说声‘对不起’，因为你极可能还做了些伤害他人、环境的事，你的离开，是在进一步给那里的生态进化的空间。放下吧，会有另一扇门打开的，对那些地方是好事，你应该对那些地方所有的人、事、物说声‘谢谢’。”

做不到“为道日损”，“为学日益”还有什么用？真的需要向自己质问了。现在的心轻松些了，与两位朋友的对话，让我增长了很多灵性，两位朋友也都表示，有很多觉悟。这种交往才属于心灵的交往，属于精神的交往。

其实，现在能够以如此方式交往的朋友已经越来越少了。有时会走出家门，想拔脚去找一位好友叙叙旧，喝杯茶，但是溜达了很长一段路，或是走了好几圈，就是想不起找谁好。大城市里的人上千万，找到一个知己的朋友太难了。这不怪他人，最终还是不想麻烦任何一个人。

“物以类聚，人以群分”，人是需要能在一个频道上且价值观相似的朋友的。那就寻找几本书吧，或许书的作者，书里的主人公，会是我的知己好友呢。塔拉·韦斯特弗的《你当像鸟飞往你的山》、马歇尔·古德史密斯和马克·莱特尔的《习惯力：我们因何失败，如何成功？》、乔·维泰利的《新·零极限》、纳撒尼尔·约翰逊的《未察觉的世界：一座城市的自然志》、金惟纯的《人生只有一件事》、钱穆的《新亚遗铎》、萧红的《春意挂上了树梢》等纷纷飞到我手中，我每天很快乐地与之交流对话，与之思维碰撞，与之心领神会。他们的优点，他们的缺点；我的优点，我的缺点；那时的灵魂，那地的情境；此时的灵魂，此地的情境……纠缠交融。“为学日益，为道日损”之觉神奇地升腾起来。

比如，阅读钱穆先生给毕业生讲话的文章，我读到了一句话：“他们把他们自己毕生的前途，信仰于我们学校，而追随着学校之理想而前进。但我们究竟给予了他们些什么？”作为有30多年工作经历的教育人，实在感到对自己的事业、自己遇到的学习者，是需要担负无尽的责任的。

还有一段话，虽然是钱穆先生在办学极度艰难的情况下对当初的求学者说出的期待，但是在当下，如果拿来照应自己的人生，仍然有很辽阔的意义。他说："理想的本质便是忧与困，任何一理想，无不在其内藏有忧，在其外境遇有困难的，否则便不是理想。当知忧与困也即是人生之本质。你若怕有忧，你若怕遇困，就会不懂得什么是理想。理想正是面对着忧与困而来。理想便正要在忧与困里打开一出路。你懂得面对你自己的忧与困，你便会产生你自己个人的理想。你懂得面对社会大众的忧与困，你便会产生对社会大众的理想。你懂得面对国家民族乃至世界人类的忧与困，你便会产生对国家民族乃至世界人类的理想。在面对此种种忧与困中有学问，在面对此种种忧与困中有智识。因而有理想，因而有事业。深言之，这才因而有人生啊！"

我想，我们的人生应该是什么样的？是否有过真正的人生？钱穆先生的这番话，给了我们很好的解答，就是"当知忧与困"，这是人生的本质。它会指导自己今后人生的行走道路。

坚守"为学日益，为道日损"的道理，老子所言"损之又损，以至于无为。无为而无不为"自然起效。

某天下午，我突然接到一个电话，是陶继新老师打给我的。热情、宽容、爱恋的声音在我耳边回响："志欣，年底济南的快递人员回家过年了，给您的样书得年后寄了。"

大家听后可能感觉没什么稀奇，但我却被感动了，感慨万千，忘记了春节将至的欢愉。

那是2018年，陶老师也是给我打了个电话："志欣，我得给你做点事，咱们在QQ上来个对话，把你这几年的思考与探索梳理一下。"于是，那边是一个年已70多岁的长者，这边是一名近50岁的学习者，我们一来一往，整整在电脑上交流了两天，两万余字的对话录诞生了。

陶老师与我商量，把这个对话编入他的新著作，说是年前给我寄样书。说到这里，大家仍会感觉是很平常的事。但是，作为一名全国知名的学者、儒学大师，他的诚信的品质彻底让我的心灵震撼了。

陶老师一生孜孜不倦，知行合一，仁爱向善。陶老师是我心中的指路明灯，是我人生的精神导师，想到此，我便总是产生自责的心理，自己太不勤奋了，太小气了，太庸俗了。

记得多年前，我还在山东工作时，一个春节的前一天，我去拜访陶老师，打了辆出租车。到了目的地，就匆忙地下车去找陶老师的家。进家门后，陶老师热情地招待我坐在沙发上，然后开始用小刀给我削苹果。此时，我惊呼："我的手机忘在出租车上了！"陶老师立即拿起电话联系出租车公司，联系到了司机。但是司机说："可能被下一个顾客拿走了。"我连连说："没什么，就四百块钱买的。"记得当时用的手机是摩托罗拉牌的。

其实，这样的场景可能也会发生在不少人的身上。但是，几天后我接到邮局的一张汇款单，原来是陶老师给我寄来的四百块钱。此事，我终生难忘；此事，激励我永远要记得别人。

除夕夜，说起这些事，记起这些事，是我对人生的进一步思考。怎么能做到陶老师这般豁达、通透、简单?

记得陶老师说过自己的过去，他曾经被批斗过，一个人拉着地板车，在漫长的黑夜里孤独地走着。也记得他说过自己的生活习惯，每天早晨早起爬山，背诵经典。还记得他说过："不用亲自来看我，打个电话就好，咱们来日方长。"陶老师是我的一面镜子，我的任务就是时时刻刻向陶老师学习，学习他纯洁的灵魂，向善的生命。

每一次与陶老师的联系，一个电话或一条短信，甚至是看到他的一篇文章，我都感觉异常的欣喜，一位长者对我生命的尊重，不断给我力量。每一次的交流，都是一种荣耀，一个生命长河中的里程碑，从而让自己有了更加郑重的承诺，连接自己前前后后的生活，珍重自己的生命，打造美好的时刻，谦卑地融入整个的世界，顺其规律，尊其个性。

这个除夕夜，我借此想了很多，但是很简单。明天就是新的一年了。陶公在，我当如他。

期待那本"样书"，那是我余生的样子！这些都是"为学日益，为道日损"的境遇、缘分。

敢于打破旧的生活模式

与一名同师范学校毕业的同学微信交流，她用微信推给我一段话："教师要读书，不只是为了工作，也是为了人生，人生短暂，世界很大，无法看尽风景，那就'枕上诗书闲处好，门前风景雨来佳'。教师要写作，潜下心，静下气，哪怕读者只有自己。一直写，一直改，一直反思。"她说，她就是这么做的。她有如下观点：这段话说给已经这么做的人听，会产生共鸣，而不喜欢这么做的人，你跟他讲，他会很烦。她举了一个例子：有一天跟一个同事说了类似话题，同事表示，人和人不一样，他就想躺平，读书太累了，脑袋疼。

其实，我也遇到过不少这样的教师，但是他们也没有错。说实话，我自己有时也会有类似的想法，只不过会意识到不能躺平了，会及时调整自己，回到继续读书、成长的轨道上来。

阅读吴非老师的论著《课堂上究竟发生了什么》，看到一句话，感到震撼："学生来学校是需要遇到有智慧的老师的；一个有梦想的学生遇到一个没有梦想的老师，是人生的不幸；在成长中，教师的品格色彩有可能涂在精神底色上。"这句话提醒我们做教师的，要时时做一名学习者、成长者。因为自己的工作对象是一群成长中的人，自己停滞了成长，便没有能量与学生对话、交往，更没有资格做学生的师者。

我曾到一所学校帮助指导业务，这所学校的教师平均年龄在 45 岁以上。日常工作都很正常，大家都很勤奋，都很负责。但当听完课后交流，探讨课堂活动中还有待提高的地方，需要转变下观念，让更多的学生有机会输出自己的观念和思维成果，让更多的学生经历做事的过程时，得到的反应大多是强调学生的基础差、低年级就丧失了兴趣、家长教育支持不到位等原因。我只好说，我只是提出建议供大家参考，研讨的目的是相互学习，彼此提高。其他的，我再也无能为力了，也就是说，我没有能力影响这些教师的习惯和观念，只好保持沉默，笑笑而已。这所学校也没有诸如读书活动、案例经验分享活动等，不过是每天照常工作与生活。这也无可厚非，可以说是一所安安静静的学校。但是我有一种担忧，就是大家为什么拒绝反思，热衷固执，讨厌创新？

克里希那穆提说："思想也害怕新事物，因为学习便意味着打乱已知的事物'本质'，打乱自己的结论和意向。""任何足够聪明的思维都能够认识到，我们内心希望安全。希望有一个天堂，一个避难所，在那些地方我们能免受打扰，这种对于安全的渴望创造了一种生活模式，而这种生活模式又成为了习惯。但是要打破这种模式需要巨大的力量、思想和探究，思维拒绝这样做，说，'如果我打破自己的生活模式，那我会变成什么？如果旧模式被打破，那这所学校会变成什么？它会变成一片混乱'——好像他现在不混乱似的！"

大师说的话很深刻，本质就是这样的。他们担心的混乱也是对的，但是更重要的是内心希望安全，害怕否定自己，担心打破自己习惯平稳的生活，因此会有很多理由来解释为什么不想改变。我见过不少这样的学校和这样的教师。因此，当我为校长们或教师们做关于读书成长之类的讲座时，我会抱着一种看似不算负责任的心态：听听而已，有点收获就好。我明白，真正能从我的经历和思考中得到彻底改变自己力量和方法的人不会很多，他们激动的心情回去后就很快被搁置起来，原先怎么样还是怎么样。这也是我们教育被认为保守，不能与时俱进的深层次原因。在学校里进行改革创新难度很大，也是与此有关的。

改变不了他人，只能改变自己，唤醒他人，激励他人，成就他人，这才是教育的本来样子。我在哈尔滨五常市一所偏远的农村学校，竟然遇到了一批这样的人，我称之为教育成长路上的"逆袭者"。

这所学校是五常市红旗满族乡中心学校，近三年来活跃着一群热爱读书的教师、学生，甚至一些农村的家长也参与进来。这所学校的教师平均年龄 48.5 岁，有 249 名学生，学生父母都是地道的当地农民。

我有幸在 2023 年暑假走进了这所学校，他们推动读书的方式与策略瞬间给我惊喜，而让我感动的是，他们已经坚持如此阅读三年了。其实，学校读书的事并不新鲜，但是，这所学校的可贵之处是“日日读，月月读，年年读”。即使因为台风，五常下暴雨发生水灾期间，阅读仍然天天进行着。

该校根据单亲和留守儿童居多的实情，践行“满爱教育”，倡导“满满的爱与被爱”，倡导“对满族地域、风情、文化的热爱”，提出了“建满爱学校，育满爱学生”的办学目标。如何实现“满六年，爱一生”的教育理想？如何达成“满爱红小、满意红小”的办学愿景？开展“满爱读书”活动无疑是最佳的选择。

通过与该校苍春波校长的交流，我知道了他们之所以能够做到坚持的秘密。苍校长介绍说：“因学校地处偏远农村，教师年龄偏大，思想保守，学习创新意识淡薄，甚至出现不少教师想就此‘躺平’的念头。作为黑龙江省诗词协会会员、哈尔滨市作家协会会员，阅读与写作本身就是自己的所爱，倡导阅读应该是再次唤醒教师生命成长的最佳方略。”

苍校长倡导教师拿起书本、爱上阅读的方式比较独特。苍校长采取的策略是先用微信群成立一个读书共同体，让教师自愿报名。苍校长说：“两天时间微信群里竟没有任何回音，第三天才开始有两三个报名的，以后陆续增加到 13 人。”此时苍校长却截止了报名活动，这正是他的高明之处。在这个群里，苍校长亲自领读，每一位教师都要在微信群里分享阅读心得。为了让教师们坚持下去，苍校长采取了一个大胆的措施：亲自点评每一名教师的阅读心得，这就逼迫自己也要阅读教师阅读的书籍。待条件成熟，慢慢发展到由教师轮流点评每一名教师的阅读心得。之后该校又建了三个读书共同体微信群，如此，学校多数教师都开始阅读起来，阅读成了这群农村教师每天必不可少的一种生活。

在这种氛围下，学校及时提出了“让生命因读书而美丽”的理念。于是，在党员干部教师为主的读书第一共同体的示范带领下，四个共同体的教师坚持“分享＋点评”式阅读。没想到的是，这种方式的阅读竟然一坚持就是三年，完成了600多期，深刻地改变着教师们的精神世界，字写得漂亮了，教育教学更加得心应手，读书分享点评成为自觉和习惯，参与分享的每位教师书写的读书笔记都超过了十万字。

更让人想不到的是，教师的阅读开始自然影响着学生的阅读。学校组织学生开展“天天分享，读书成长”主题活动，每天有18名同学参加“脱稿”读书分享。阅读活动立足经常，功夫在“天天”，提倡分享，定位于“成长”。这就不是简简单单的读书交流，而是勇气的提升和意志的锤炼。学生已经分享了180多期，超过3000人次，超过10个轮次。学校还组织学生开展了“以演促读，悦读月享”活动，突出全员性、主体性、非评比性，引领学生热情参与，达到了“阅读阅享、悦读悦享、月读月享、越读越想、越读越响”的目的，从中看到了学生发展的无限可能性，看到了学生创造力和领导力的养成效果。学校重视学生读写结合训练，学生作品在《启梦》校刊上定期刊发，有的学生在黑龙江省征文中获奖，有的学生在《作文成功之路》杂志上刊发作品。学校还成立了“阅读银行”，给学生发放了“阅读存折”，当“存折”中的积分达到一定标准时，就可以到“银行”中兑换心仪的奖品，从而调动学生读书的积极性。

学生读书离不开家长的支持和鼓励，更离不开家长的带动和示范，学校顺势成立了“家校共育读书交流共同体”，吸收热爱读书的家长加入，定期进行读书分享，学校领导及时点评。考虑到农村家长的实际情况，学校确定每周四由六年级家长分享，每周五由五年级家长分享，每周六由一、二、三年级家长分享，校长和德育校长轮流点评，密切了家校联系，由学校阅读带动家庭阅读，由良好校风促进良好家风的形成。

在学校图书馆里，我看到了苍校长和教师们的点评文字，看到了教师用书法和图画撰写和描绘的阅读内容，看到了教师们书写认真的阅读摘记，看到了他们坚持三年的阅读书目，各类经典书，教育类、心理类、哲学类、管理类，真是丰富多彩。

我观看了该校教师阅读和学生阅读成果的视频。我即兴总结了该校阅读推广以来的特点与成绩：校长点评，领读促行；教师分享，主题提思；学生表达，体验养能；学科融合，全面发展。

下面我列举第 618 期读书第一共同体分享的三个点评案例。

苍春波校长阅读书籍《大党伟力：百年大党何以风华正茂》，点评：绝对的忠诚来自根植内心的那份笃定和执着，对党忠诚是中国共产党人首要的政治品质。

赵丽蓉老师阅读书籍《肯定自己——你的内心足够强大》，点评：太阳每天都是新的，每一天的你也应该有一个新的开始，挥挥手，向昨天的自己潇洒地告别，每天进步一点点，做最好的自己！

张丽娜老师阅读书籍《课堂教学怎样少做无用功？——高效能教师必备法则》，点评：作为教学过程的重要环节，作业批改却被忽略，停滞不前，有些教师只布置作业，而不批改或者简单地标出对错，教学重要环节改革的不协调，已经影响了教学质量的整体提高，影响了学生的全面发展。

教师们的这些点评语句，都是阅读思考与理解的精华，这些思考与理解会一点点化为实践探索的行动，会在日常的教育管理、课程教学改进、人际关系等方面慢慢发生作用。如此坚持下去，有思想、有智慧的教师来了，理想教育、有效课堂来了，和谐关系、主动成长来了。

从教师们与我的交流对话中，更能体会到他们的生命之变。有的教师说："自从坚持读书以来，我本来还吃着汤药，总是焦虑，现在变得安静了，睡眠质量上去了，药也不用吃了。"有的教师说："以前我总是抱怨学生有这毛病、那缺点，自从读书多起来，我觉得自己变了，变得内心越来越强大，开始从自己身上找原因了，从外求变成内求，自己变了，身边的人也都变了，变得更加美好。"有的教师说："我原先以为快退休了，不需要再学习了，有要躺平的心态，现在感觉自己这样下去不好，活到老学到老，读书是终身学习的需要，是自己活得有价值、有意义的需要，还得坚持读书，多给年轻人做表率，把自己的经验总结下，带带年轻人，继续为学校做贡献。"有的教师说："自从开始大量阅读，我开始思考自己教学的主张，知道了如何积累案例，做课例研究。”

我还了解到一个感人且有趣的故事。德育主任的爱人，目前在安保室工作，竟然也喜欢上读书了。她说：“我现在喜欢上阅读了，感觉书里写的就是我想的，好像把我过去的经历给说明白了，和爱人也有共同语言了。”这就是阅读的力量，以前夫妻两人有时意见不合，而现在变得有说不完的话，其原因自然是读书使两人走到了相同价值观的频道上来。

交流对话持续到中午12点钟，大家都有话可说，都愿意表达自己的观点，这不正是读书的结果吗？更为关键的是，他们的品质因阅读而纯粹，他们的工作因阅读而专注，他们的课堂因阅读而创生，他们的课程因阅读而丰富。学校的满爱教育变得立体起来，其办学主张“立足乡土学校，做满爱教育，成为幸福的红旗人”让我敬佩不已，“满六年，爱一生”的教育理想成为活生生的现实。

苍校长以及几个教师的发言，都透露出自己童年时的家庭教育背景，都说到自己不善言谈，这就与该校开设的课程有内在联系了：让学生大胆地独自“脱稿”说话，让学生走上舞台表演情景剧，努力给学生说话的机会。我对教师们说：“学校的一个个小舞台，必将成就学生走上社会后的大舞台。让农村孩子从小就自信大方地表达，分享自己的想法与成果，这是一件意义重大的事情，是一件功德无量的事情。”

五常市红旗满族乡中心学校从阅读出发，他们因行动“坚持”化为信念自觉，单纯的阅读行动成为自己日常生活必不可少的部分，并带动学生家长阅读，创造性研发校本课程，走上全面育人之路。是阅读挽救了这所学校，拯救了教师、学生和家长乏味的生命，唤醒了人的成长远见。人与人之间因阅读关系更加和谐，精神状态饱满，校园里充溢着满满的爱。这是真正为了人的生命成长负责的教育。

只有通过否定，再重建，做到坚持，达到这所农村学校教师的思维境界，才会开始理解文章开头我那位同学的观念，才会感知到自己停止成长、不喜欢变化的真正危机。

学会过“无限思维”的人生

掐指回首过往的教育人生，到2025年正好33年。这33年，时常有因各样的所谓进步、收获、成功而惊喜的神情，却恰恰在这样的心理过程中，掺杂着一些不可名状的、奇奇怪怪的疑虑、纠结与痛苦。这些情绪好像每天在翻腾着自己的心灵，时刻在敲打着自己的灵魂。到底还要走向何方？怎么走去？为什么要去那里？似懂非懂这么多年，一直也没有机会领悟到清晰明确的解释。

读英国知名演讲家西蒙·斯涅克所著、石雨晴翻译的《无限的游戏》一书，思维顿感彻底打开，发现原来如此，应该要如此，以后必须得如此。读着书中的观点，体悟里面那些企业的盛与衰，反思自己的教育人生，让我开始逐渐调整自己看待世界的方式。

书中一个重要的概念即“无限游戏”。书中作者说，这个说法，出自30多年前的一本书，叫《有限与无限的游戏》。作者是著名的哲学家詹姆斯·卡斯。其中，有限游戏是指那些以赢为目的的游戏。这类游戏有明确的终点、规则和边界。比如，足球比赛、钢琴考级、期末考试。而无限游戏指的是那些以延续为目的的游戏。你的目标不是赢，而是一直玩下去。比如，婚姻、生活、教育，等等。当年，这套有限和无限的理论，启发了很多人。不过，也有一个小小的遗憾，就是这套理论是一种纯粹的哲学观点，它更多的是提供了一种解释世界的框架，具体到场景，它并没有深度嵌入到某个领域里。

我们可以把镜头转向教育领域，道理是一样的，会发现在我们的日常的教育生活中，常常经历的更多的是“有限游戏”。如参加单位的岗位竞聘，参加演讲比赛，参加学科竞赛。从结果上来看，只能有一个人或一支团队可以赢得这场游戏，其他人将会在这场游戏中失利，但他们中有的人会在游戏结束时获得排名，收获排名所带来的相比冠军更少的奖励。

但是，在我们的身边，似乎“无限游戏”的例子很难见到，对于“无限游戏”的真实面貌好像有点模糊。书中所说的这个案例，则是典型的“无限游戏”：

美国篮球传奇人物约翰·伍登教练，其影响远超篮球或者体育界，是一位“无限思维”的信仰者、实践者与布道者。作为主教练的他拿过10个全美大学联赛冠军，却不把篮球或者体育运动当作“有限游戏”来玩。“在我的执教生涯里，我很少或几乎没有说过‘赢’这个字，也很少论及‘打败’对手以及激励某个队伍争夺第一名。”他曾经这样说，“我对成功的定义是这样的：竭尽全力，达己最佳而感到自足，由此得至内心平静，谓之成功。”这是“伍登教导力”的核心理念，让队员们从记分牌的焦虑中解脱出来，沉静下来，努力起来。

该书的推荐序言作者、清华经管领导力研究中心主任杨斌老师，在其文章中有这样一段描述：

在一个学校中，我们最经常看到的，就是以赢家的头衔来结束这场游戏。成为赢家就要为自己而战，打败其他所有玩家。制订的每一个计划，采取的每一个行动都是为了赢。在（有限）游戏中的人坚信这是唯一正确的选择。其实，引导他们这么做的，是他们自己的越来越根深蒂固，且自我持续强化的思维模式。考试是为了让学生了解自身的进步与下一步的方向，还是为了在一群学生中分出高低胜败，甚至赋予优胜者特定的头衔以进入更高级的（但也仍然是有限的）的游戏？讨论问题是为了寻求更多的视角与宽阔、深入的理解，还是为了比赛时谁先击中标准答案并最终让所有的人意见都收敛到标准答案？已经司空见惯的奖学金安排，究竟是奖励过去的表现，还是鼓励未来的探索？是奖励与他人比较的赢家，还是鼓励跳出舒适区的新我？是奖励按照标准剧本完美无瑕的演出，还是鼓励书写新传奇的不完美的探索？

校长们，老师们，一旦觉得“我们已经知道”“一切尽在掌握”“只需按方培养”，有限游戏的大幕就开启了，而敢于承认“我们还不知道”“一切皆有可能”“成长千方各样”，“无限思维”才在敬畏和拥抱不确定中登场。

各级教育主管部门或评价部门对学校的等级标准督导、教师对学生考试考查成绩的排名、学校对教师业绩的评价考核，这些都充斥着“有限思维”。而我们需要的却是“立德树人”长期教育使命的坚定落实，需要的是培养“德智体美劳”全面发展的社会主义建设者和接班人的神圣行动，需要的是被学生爱戴、喜欢、信任的具有价值观影响力的教育者。

以“有限思维”模式来实施“无限思维”的使命，似乎是当下我们教育领域里最让人尴尬无奈的事情。作为教育者，我们都要明白一个道理：做教育不是为了赢，而是让我们“教书育人”的事业继续下去，让传承“中华优秀文化”的责任发扬下去。

论著后记有这样的观点：“如果选择用有限思维来生活，我们的首要目标就会是比别人更富有或升职更快；如果用无限思维来生活，我们的目标就会是推进一项比自身更伟大的事业。我们将那些与我们有着相同愿景的人视为事业伙伴，努力与他们建立彼此信任的关系，希望能够共同推进这项对众人都有益的事业。我们对自己所享有的成功心怀感恩，在自我进步的同时也会努力帮助周围的人进步。用无限思维来生活就是要过服务他人的生活。”

所以，我们一旦有了“无限思维”的品质，所持的哲学思考与实践行为就会有别样的场景。比如，作为一名校长，我提出了学校的办学理念为“成就每一个人”，这是给学校的发展找到了一项追求崇高事业的通道，这个未来的状态极具吸引力，在这里的所有人愿意为实现它而做出奉献。这比任何一场特定的胜利都更重要，我们的日子会过得更有意义，更有满足感，让我们共同的事业年复一年地持续下去。学校淡化了考勤、对教师个人的终结性业绩评价，看到的是每个人的进步与增值，更加重视团队的文化建设，为的是形成彼此信任的团队。

在这样的氛围中，学校的文化建设永远不会完工，会处在不断进化的状态下，教师的成长永远不会停止，学校领导会勇于拥抱不确定的环境，敢于突破“有限游戏”的局限，不再急功近利，会一起帮助学生发现他们的才华，找到他们的兴趣，唤醒他们的激情。这意味着要教学生懂得服务的价值，教会他们保持谦逊与同理心，学会沟通与合作；这意味着要让学生懂得学习是恒久的，不会因为从学校毕业而结束，不一定总有课程与分数的引导；这意味着要让学生懂得如何运用“无限思维”去生活，离开学校和父母后，继续成长。

文章开始所描述的自己的矛盾心理，其根源就是在玩“有限游戏”中所产生的遗憾，过分看重结果，导致我们遗忘了包裹着当下这个“有限游戏”的“无限游戏”——人生。站在人生这个“无限游戏”的维度去看，当时的一件件事情，一次次“有限游戏”，收获最大的或许不是最终的排名、头衔，而是在这一段段经历当中的经验与体会。

具体到一个人，如下观点也许更容易理解：在工作当中，“有限游戏”的参与者开始工作，是为了将一段时间用工作来填满。对他而言，工作是被动的，是等价交换的一种方式。而“无限游戏”的参与者开始工作，是为了将一段工作用时间来填满。对于他来说，工作并不是被动的，而是他们用来产生各种可能性、体验人生种种不同的方式，是对自己的不断完善。

下面是一名年轻教师写的几段文字，我读后颇感欣慰，这与本文推崇的思想有一脉相承之味。

现在的一线教师，尤其是班主任，“两眼一睁忙到熄灯”，每天如蝼蚁一般忙得团团转。忙着上课教学，忙着管理学生，忙得来不及备课就去上课了，忙得没有想好如何与学生交流，学生就犯错了。还要忙学校布置的各项检查任务，忙着填写各类表格，每周必有理论学习，必有教研活动，必有值班评比。教师的任务似乎越来越多，要求也高，风险也大，学生说不得、碰不得，偶尔还有家长怒气冲冲地来投诉，种种景象让教师们苦不堪言，不免焦躁。但李校长一语点醒，忙而无效、乱而不实才是让人焦虑的根源，每一位教师都有自己的修炼之路，有时他好像在说教育，但好像又在说人生。成功的人生大多是相似的——就像李校长一样面对当下的问题与未来的理想，始终充满不断探索研究、前行的“积极能量”。

李校长时常关注着教师的“积极能量”，并且喜欢将教师们聚集起来做一些有意义的事情，把它当作人生乐事之一。在教育教学这条路上，无论是课堂教学还是班级管理，一人之力总略显单薄，抑或单枪匹马地拿教育说事，容易陷入彼此理念的冲突之中，教育本质却消失得无影无踪。李校长会采用读书分享的形式，将大家集合在一起，通过这种形式，教师们偶尔会“吐吐槽”，也偶尔分享某个调皮学生的事迹，大家听后会发出共鸣的笑声，但最终我们会在无形中达成一种共识，就是如何把学生教育得更好，课上得更精彩，与家长沟通得更和谐，教育的目标出奇的一致。

我们总认为现在的学生都很追求“效率”和“实用”，不只学生，成年人何尝不是如此？李校长教导我们不管多么忙碌，都要学会品味生活。从阅读一篇文章开始，从头到尾读完；从看一本书开始，从第一页看到最后一页。不热爱生活的人，不可能是热爱教育的人，不了解生活的人，不知道教育是什么样的。当我们懂得通过读书释放自己的压力，便能感受生活的阳光，这必将照亮我们的教育之路。

教师成长平台固然重要，但内心的迫切性和内驱力更加重要。李校长通过引导和“逼迫”成员读书、写作，不断地学习和思考，促使教师不断更新教育观念并获得专业成长。无论是对待学生还是引领教师成长，他都不断无私地分享他的光芒和能量，不断感染、激励着下一代。李校长一路走来的经历，不单单是一位教师的专业成长之路，更是从事功层面到智慧层面再到精神层面的过程，也是一个从物质到心灵的过程。

本书后记的末尾，有一段话很有深刻的警示作用：“没人会想在自己的墓碑上刻下银行账户的最终余额。我们希望人们记住的是我们对他人的付出，是尽心尽责的母亲、慈爱的父亲或忠诚的朋友的形象。服务他人才是有利于这场游戏的做法。”

我认为，教师生命的真相必须有读书的生活，有独一无二的生命行走方式，有与众不同的教育主张，有自己生命主体的心灵解放。这些都是教师自在的生命存在的方式，是“无限思维”生活的特征。当下教育的真正问题在于教师的生活没有回归到教师自己的生命功能，所面临的是：缺失信仰，不能为自己确立生活的目标与方向；缺失承担，缺失对社会、历史、民族的承担，缺失对学术和对自我生命的承担。

希望每一名教育工作者都可以成为“无限游戏”的参与者，力求认识事物的本质，打破既定边界，不再在乎眼前结果的输赢，去虔诚地经营自己未来的那项崇高的事业，收获幸福美好的教育人生。

探寻从优秀到卓越的规律

有人说，优秀是卓越的敌人。优秀之所以成为卓越的敌人，是因为优秀成了继续发展的包袱。我认为，优秀之所以成为卓越的敌人，还因为优秀成了自己临时的资本，因此便止于优秀，在消费自己的优秀。这样，必然退步，优秀必然成了卓越的敌人。当然，还有些人没有追求卓越的理想，自然满足于优秀这一现状而已。

在中小学校，不乏优秀人才，如那些教学骨干、学科带头人、管理干部等。那些特级教师、正高级教师，或者某一实践研究领域的学习型、研究型教师，则是本文所指的卓越型教师。

我有种感觉，也是自己多年引领教师成长的经验，对于年轻教师的引领与培养很容易，这些教师主动性、积极性很高，吸收与消化能力很强，成长欲望很强烈。但是，对于一些工作一二十年的那些优秀教师，却感觉很麻烦，有些棘手。当与之交流，大多会说："我没想成为名师，上好课带好班就行了。""我上课还行，就是不愿意读书，更不想写文章。""变得卓越对我太遥远了，我没有信心。"也有的会说："我年龄不小了，每天很忙，没有时间学习、研究啊！""我也读了点书，感觉没啥用，研究好像与实践总是不对接，我怀疑读书、研究的作用。""我是想走上读书、学习、研究的道路，但是坚持不住，虽然这样心里不安，却下不了持续的决心。"

其实，这些优秀教师的心声与状态，其根本的缘由在于自己的一种选择和认知，再就是他们还不知道如何掌握将优秀变为卓越的规律。阅读成尚荣老师的论著《名师基质》，里面的观点很好地解读了本文提出的命题。

成尚荣老师认为，名师成长，包括教师专业发展，都应有崇高的追求，换句话说，教师的发展应当“再圣化”，即从根本上激发教师发展的内部动力，促使他们更加积极地自主发展。因为人是一种意义的存在，但意义不是别人赋予的，意义是人自己创造的。不过，人既可以创造意义，也可以破坏意义。当教师在自己创造意义的时候，才可能真正体验到意义的“意义”，因而才可能生发出前行、突破、超越的动力，因而才会向着更高境界发展。

我们需要再一次地讨论崇高，再一次地形成一种氛围：追求意义的崇高。这就是“第一动力”，这就是教师“再圣化”的过程，这就是走向卓越的过程。正是在“第一动力”引发的“再圣化”中，从优秀走向卓越，教师专业发展得以实现，名师得以成长。

不过，我以为最需迫切反思的是如何突破自己已有的经验框架。经验固然可贵，但是，如果经验不改造、不优化、不与时俱进，也可能会导致失败，这样的经验当然是可怕的。遗憾的是，现实中不少教师满足于自己已有的经验，缺乏创造新经验的激情，因而停滞不前。

以教学的基本问题为研究对象，以教学的基本规定为依据，不仅反思自身的教学经验，也以反思的品质和方式考察外来的经验和做法，教学改革才会真正为学生发展服务，也才真正为教师的专业成长提供具有发展性的平台，促进教师成为反思性的实践家。

众多名师成长的经历，不止一次地告诉我们，从优秀走向卓越，只以学科专业为背景，囿于自己的学科是走不远、走不高的。教师的专业成长既要立足于学科专业，又要超越学科，需要有大视野，形成大格局，生成大智慧，这样才有可能突破学科专业的局限，突破“优秀”的制约，走向卓越。从知识的角度讨论，教师不仅需要学科知识和学科教学知识，还需要条件性知识和文化性知识。只有健全良好的知识结构，才会让教师有大视野。同时，知识越来越走向综合，跨界研究已经成为一个重要走向，知识的综合和跨界研究，将会为教师专业发展和名师成长打开一条新的通道。教师要寻找并建构自己发展的更大专业，我把这更大的专业称作“第一专业”，它对学科专业具有超越性，对教师专业发展和名师成长很重要。

教师工作与生活有一个重要特征：重复生存。重复生存，积累了许多经验，这让教师驾轻就熟，走向成功，完全可能使自己成为优秀教师。经验是可贵的，但是经验不与时俱进会导致失败，不可能走向卓越。教师应当永远有陌生感、新鲜感，从中生长起创新的欲望，生长起创造感。值得注意的是，止于优秀的教师，满足于经验的现象，还是比较常见的。从另一个角度看，不少名师与教育专家之所以成为名师，之所以成为教育专家，是因为他们摆脱了优秀的束缚。

教师专业发展、名师成长是有规律可循的，那就是读书—实践—思考—总结，如此循环，在循环中提升。大多数教师对此都明白，也都认可，可为什么往往效果不同，差异很大呢？我们清楚，产生差异的原因是复杂的，不过，不可忽略的是，对待这条规律的态度是重要原因之一。一是有不少教师还没有形成习惯，读书—实践—思考—总结是偶尔为之的，缺少坚持，浅尝辄止，当然不会有好的效果。二是有更多的教师还没有形成“链条”，常有断裂现象，或是重读书而少思考，或是重思考而少实践，或是重实践而不善于总结。链条的断裂造成教师发展的不完整性。三是有的教师读书还处于浅阅读、轻阅读阶段，没有超越学科和已有的阅读经验，因而显得较为肤浅。四是总结经验这一环节还没有突破，因而在发展中还没有产生跃迁和飞升。

因此，一名优秀的教师，要想突破优秀、超越优秀，从而走向卓越，成为一位名师，成为专家型教师，需要做到如下四方面的选择：一是不要以为专业发展是自然的，有追求才会有发展；二是不要总是依赖外力，要明白鸡蛋从内部打破才可能诞生新的生命；三是不要止于优秀，优秀是卓越的敌人，教师专业发展要从优秀走向卓越；四是不要以为读书—实践—思考—总结就一定能成功，要把握规律，形成自觉。

两年前，我曾经意外地收到黑龙江省五常市第一中学的齐崇老师发来的一篇文章，目前齐老师已成长为正高级教师、省级特级教师，是名副其实的卓越型教师了。文中叙述了她自己生命成长的三个阶段，应该对我们有所启发。

工作的最初几年，只有课本和参考书为伴，每天完成上课任务，学生成绩不错，也没出什么事，教育教学一直处于低空飞行状态，而我浑然不觉，依旧吃着本就不厚实的老本，却以为自己是个好老师。

工作十年后，突然感到千篇一律的日子无比乏味，心灵的宫阙没有一点回响，麻木的头脑如同板结龟裂的大地，渴望得到一场大雨的浇灌，而天却一直炎热无比。彷徨无助的自己想过逃离。

到了工作的第二十几年，突然步入了成长的快车道。假期，一个人勇敢地跨越万水千山，自费参加培训学习，感觉到了思维发生了剧烈震动，意识到我就像温水中的那只青蛙，自由自在的背后正潜藏着“丧生”的危险，必须挣扎着走出舒适区，走向奋斗之路。工作之余，开始挤时间读书、反思、写作，看见了学生内部世界发生的变化与行为背后的道理，终于可以笑着仰起头，享受努力创造的乐趣。

这是一名自我觉悟、自我驱动的教师，我由衷地为这样的教师点赞，他终于明白自己的成长路径不得不这样跋涉的理由，也终于相信每一条要走上去的前途，有它不得不那样选择的方向。

请记住成尚荣老师的嘱托：我们要真正把握教师卓越成长这一规律，形成“规律自觉”，真正成为生活在规律中的主人。实事求是地说，克服止于优秀的现象没有什么灵丹妙药，关键是自己严格要求自己，有目标、有计划，自我检查，自我评判，自我调整与改进。久而久之，成为习惯了，成为乐趣了，成为生活的一部分了，规律就会进入你的生活，而且成为你最真诚的伙伴，伴随着你，提醒着你，触动着你，推动着你。

重塑自己的教职生命状态

应学校的需求，我从江苏到重庆，从内蒙古到黑龙江，从山东到河南，从北京到四川，走进了很多学校，久违的学校场景让我兴奋不已，熟悉的生活画面扑面而来。

当然，我走进的大多是些薄弱学校。我看到的一种种现象，听到的一个个故事，甚至是体验到的这些学校一类类的问题和困难，让我有了些许担忧。

在给广州某个县的校长们做讲座时，我说到一种现象：为什么经过一轮轮的国培、省培、市培，以及各种形式的校本培训，我们不少学校的校长还不知如何打造学校文化，凝练出逻辑自洽的理念，还不能根据自己的理念自觉对接新课程标准与国家教育目标，进行课程的顶层设计，做好为了每个学生的课程方案，还没有专业能力指导、引领自己学校的教师进行基于标准的教学设计与课堂改进，还没有意识和能力唤醒每一名教师的专业自觉，解放教师的职业兴趣，让教师收获职业的幸福感和价值感？

实际上我是想问：那些培训到底起了什么作用，起了多大作用？不少校长仍然缺乏文化领导力、课程领导力、教学领导力和科研领导力，动不动就要专家引领，要领导支持。校长们自身的思想观念转化为有效行为的素养仍然不足，导致教师在一个没有核心价值观、信念、使命和目标的环境里无力、无序地低效劳动，在一个既缺乏科学战略，又缺乏精准战术的环境里熬日子，无休止地忙碌着。

对于校长们的领导力以及他们的思想力，我没有能力改变多少，只是想如果遇到志趣相同的那些人，我们能够有些共鸣，促其产生改变的欲望，有建设性地改进就可以了。在此，我更想对我们广大的一线教师说些自己的观点。

我们一生的职业生涯很漫长，会遇到不同的校长。这些校长各不相同，但是我们不能太依赖他们，可以说，我们不能单纯靠着他们来定义自己的成长与发展，依靠他们来度过我们短暂且宝贵的人生。我们的人生与未来，我们的价值与幸福是需要依靠自己的。因为，当你有幸遇到一位有教育情怀、有专业水平、有各种领导力的校长，那是你的幸运，你完全可以发挥你的能力，尽情地挥洒你的汗水与智慧，你的那位校长会更加欣赏你，主动给你平台和机遇。如果你不是幸运的，你会遇到一个稀里糊涂混日子、不懂业务的校长，甚至会遇到一个专门找你麻烦的校长，此时，你也不要抱怨，你应该明白，只要能给你一个班，给你一批学生，你完全可以不顾及这类校长。仅仅专注于你的责任与学生，专注于你的学习与研究，专注于你的目标与使命。

我可以给大家几个建议，如果你能够做到的话，你仍然可以实现自己理想的人生，收获美好的生活经历，淬炼出喜人的实践成果。当然，如果你不屑于这些建议的话，你也可以无动于衷，直到退休那天。但是，这不应该是你应有的样子，我知道你很无奈，无法超越你当下的思维框架和环境。可是，生命是有限的，实现人生价值的时间是宝贵的，没有价值的人生毫无意义。如果你认可我说的难听的话，可以安静地、耐心地再听我下面的建议。

第一，既然选择了教育这个职业，就要找到自己为之奋斗一生的使命。比如，一开始，你的使命是把每个孩子教好，让每个孩子快乐，你帮助他们实现自己的目标。当你有了一些经验，有了十几年的积累，你的使命可以是追求当地或更高层次的专业标准，能够带动身边的年轻教师一起成长，为学校的管理和发展贡献更多的力量与智慧。如果你已经成长为一名卓越型教师，甚至有了自己的主张，有了自己的思想，有了自己的产品，成了远近闻名的名师，你的使命会变成影响更广泛区域的教师的成长，你可能成为老师的老师，培养更多的老师成为像你一样的好老师。你的使命会越来越清晰，越来越有力量，你将变成研究型教师，甚至成为教育家型教师。此时，你不再是那个原先的自己，你实现了人生的飞跃，在成就自己更大发展的同时，成就无数的他人，你的立德树人任务会无限放大，你已是一位良师，是一位大先生，堪称为人、为事、为学的楷模。

第二，在你发展的每一阶段，都要有自己的目标与规划，且要有整体的逻辑性。我与上面走进的许多学校的教师交流，他们大多会说很忙，很累，没有时间读书、研究、创新。我会委婉地告诉他们，谁都很忙，很累，谁的时间都很紧张，关键是自己规划自己的业余时间了吗？你是管理好自己的时间，还是管理好自己的事情？当你管理好自己的时间，时间总会有的。比如，当我出差时，我的同事们不是在刷手机，就是在闭目养神或睡觉，而我，却把飞机或高铁当成了书房。业余时间，我从来不看电视剧，看手机也多是与自己学习、工作相关的内容。交友，也是与自己读书、工作相关的朋友。于是，我的时间、精力就变得相对集中，所遇到的人，所阅读的书，所做的事，都建立起联系，互相支撑，互相激荡。我内在的能量日益丰盈强大，吸引的知识、观念都是与自己的事业、研究相关联的，这是我个人快速成长的逻辑与秘诀。我经常劝导想跟着我学习的年轻人要做一下自己的成长规划，我给他们一个成长规划模板，甚至让他们完成后发给我，但是真正能坚持下来的并不多。当有的年轻人因我的劝导与影响，一时变得激情澎湃，给我发一些读书心得和工作案例时，我总是鼓励他们，最重要的是，我会说“贵在坚持”这四个字。我经常会敬告他们，要重视持续性地学习，少不怕，就怕不能坚持数日、数年，坚持一生。心里要有诗和远方，不要被眼前身边的功利美景吸引而驻足不前，甚至急于摘取一时获得的胜利果实。人与人之间的差距，“坚持”是很关键的因素。

第三，要把自己做成专家，有一种自主成长的生命自觉。当我与一些教师交流，问其最需要什么，他们几乎都会说：“需要专家引领，尤其需要专家走进课堂，进行手把手的传授。”这当然好，但是，哪有那么多适合你的专家？有些专家并不在你身边，他们很难每天跟在你身边指导你。在“互联网 +”时代，教师这个行业已进入“自专业”成长时代，你读的每一本书，读的每一篇文章，都可以成为改进自己的工作、创新教学、提升观念的工具。当你身边没有这些专家时，你可以读他们的论著，研究们的好做法，践行他们的教育理念。阅读经典，向大师学习，可以超越古今中外；阅读经验，向名师学习，可以把你喜欢的名师纳入自己的视野；还可以选择自己擅长或愿意研究的主题，去集中阅读，坚持数年，那个以前的你，就会慢慢也变成专家，成为某一领域的高手。专家并不神秘，人人皆可成为专家。

有的教师会说："学校的管理落后，总是在千篇一律地检查、评比，我们的个性被抹杀了，我们的创新没人重视，我们不敢有所突破与超越。"的确，这是一件很无奈的事情。我可以给大家提两个建议：第一，当你遇到这种环境时，你可以主动找学校相关领导，提出自己的设想，希望给予机会和环境，让自己大胆地进行尝试；第二，如果领导不重视或不支持，你在办公室学习研究什么，领导不可能总是盯着吧？你走进教室，那就是你的研究天地，完全可以做自己的实践创新探索。尤其是回家后，晚上，节假日，做自己的秘密研究。但总归要有自己的追求，坚持下去，总会发光的。因为你要相信自己是一块金子。

读到这里，你可能还是会固执地认为：老李，那是你，你可以的，不是我，我有太多的条件不具备，况且，我也不想像你一样生活，太累了！如果你这样思考，我也就无能为力了。但是，我还是要说，你完全行的，行动起来，定义自己的信念，找个可行的目标，去认清并完善自己的一个个使命，做好战略规划，不断调整战术，终究会有成功的那天，不求多大成就，多么惊天动地，收获的是心灵的自由，有自己为人、为事、为学的选择权，成为一名有自我尊严的人。

这是在建构自己的人生之道。《道德经》有言："道生一，一生二，二生三，三生万物。"那时，你的整个人生就"开挂"了，你会是人生的大赢家。当然，还需有《大学》所言"知止而后有定，定而后能静，静而后能安，安而后能虑，虑而后能得"的修身之道。

享受在当下的交往智慧

每逢学生上学，我发现学生进校都很有礼貌，有的学生行摆手礼，有的学生行鞠躬礼，同学们都面带微笑，眼睛真诚地望着老师说："老师好！"多数老师也很有礼貌，面带微笑，摆手回礼，连声说着："谢谢！同学们好！"

当然，我也发现了一种现象，有些教师对学生的这些真诚的举动并不是很在意，只是简单地做了一下回应，没有做到当学生眼睛望着自己行礼时，也同样真诚地望着学生的眼睛回礼或微笑着说声"谢谢"。

对有些教师来说，每天都会经历这样的场景，可能见怪不怪了。我敬佩那些对每个学生的礼貌问候都认真回礼答谢的教师。学生很关注你，你也要同样关注每一个学生。这是作为一名教师基本的育人行为准则，所说的为人师表、以身示范，应该从师生日常的"礼尚往来"开始做起。学生说声"老师好"，教师说声"同学好"；学生说声"谢谢老师"，教师说声"不用谢"；等等。这些看似平常的日常对话，正是高品质教育发生的机遇。这是一种纯粹的关注，是我们给予孩子的最好的回礼。

但是，我们大人，包括教师，也包括家长，却常常表现得心不在焉，甚至认为这是理所当然的。再举一个父亲陪伴孩子的例子。孩子在旁边玩跳绳，父亲却在玩手机，或不断地看手表，甚至心里盼着自己的爱人快点出现，这样自己就自由了。对于孩子期待自己的关注，甚至是喊着自己为他数跳绳的个数，父亲却要么没听见，要么置之不理，要么不耐烦地说一声"自己玩"。孩子生活在当下，而父亲却从当下暂时逃离。看似父子两个是在一起，但是两人之间的关系却不和谐，没有同期建立联系。孩子当下的情境是不可复制的，是他的唯一，而父亲却在关注着过去和未来，关注着外面的世界。这样的亲子关系是极其糟糕的，父亲与孩子都应该在当下，慢下来，享受彼此不带目的的全身心互动。

我经常反思自己，是否真正地去关注身边的人，用自己全部的生命去倾听他们的表达和解释？有时表现得太着急，甚至会打断他们的话。这是用我自带的观点来判断他们的表达，没有用自己的心灵去倾听他们的声音。这也属于前面提到的教师与学生、父亲与孩子之间交流互动表现出来的缺陷，应该回到当下，真正地与他们在一起。

我认为要学会倾听的艺术，即倾听时完全不带任何动机，不是带着强烈的怀疑去听，而是没有任何抗拒地、全神贯注地倾听。拥有这种极为安静的心态，才会发现什么是真实，找到他所说话语的真正意义。

就像听自己喜欢的音乐一样的感受，安静地倾听，用心地接受，没有丝毫的反感与成见。教师的课堂，也应该是以倾听学生为主，否则不算是一节理想的课堂，不是以学习者为中心的课堂。

我认为，不管是孩子、学生，还是自己的同事，与自己交流对话的对方俨然都是一个老师，应该学会在当下，感受、觉察当下的情境与情感，思维与思想。当自己有如此的理解与辨别，自己的弱点就会昭然若揭。虽然对方并没有明确指出，现场说明，但他们的在当下明明白白告诉了自己在当下的艺术，即也要在当下，不要抵触，不要逃离，不要侵犯，不要指导，不要心不在焉，不要置身事外。

上面提到的师生日常的交往、人与人之间的对话、父子之间的沟通，其中的道理其实很简单，就是学会在当下的交往智慧。这会让生活变得简单，让事物直达核心，世界的真理自然会显现。这更是一种学习，一种修炼，一种做人的常识，一种交往的智慧。

习惯了“是”与“非”的行为，有时变得习以为常了。比如习惯用奖励来鼓励孩子，用惩罚来管教孩子。但是往往会发生这样的情况：奖励用得多了，孩子会觉得自己的获得是应该的，他们会希望得到更多的奖励，变得不满足。其他长时间没有机会赢得奖励的孩子，也会变得不在乎这样的奖励，反正自己永远不会得到。而运用惩罚多了，则往往会引发逆反、抵抗，甚至是仇恨，学生变得自暴自弃。而那些好学生，也会开始同情起这些受惩罚的孩子，自然结成心理上的同盟。

奖励用得时间久了，其效应会变弱。惩罚用多了，会引起负面情绪或抵抗行为。有没有更好的办法呢？这就是我想要说的第三空间的概念，寻找第一、第二之外的策略，也许会让自己脑洞大开。而这种策略，与“在当下的交往智慧”有异曲同工之妙。

比如当某个孩子违反纪律了，我没有采取惩罚的措施，而是请班内有威望的同学与这位同学进行沟通，让他自己说说过程，自己说出以后应该怎么改正，其他同学提建议并监督。

孩子犯错了，应该把这种错误当成他们成长的重要机遇，关键是顿悟的过程。其不当的结果并不重要，当孩子意识到因自己的原因而影响了自己的责任精神，影响了集体的共同进步而下定决心改正，我们的教育目的就达到了。

再比如在课堂上，有些孩子总是爱说话，怎么办？是提醒、训斥、责罚，还是课后谈话、传家长到校？我认为这些都是办法，可以暂时奏效。但是就长远目标来看，也不会起到很好的效果。于是我与孩子们一起制定了课堂规范标准，在班会课上头脑风暴，一起讨论。大家意见一致后就坚决执行。其实，这就把对不规范学生的管教交给了这个规范标准。当学生再违反时，让他想想违反了哪一条，该怎么办，他自己就明白了，会自觉地来纠正，他也不会抱怨老师或同学了。

对于奖励，我一直认为，一定要履行基于某种价值观引领下的鼓励行为，让他们享受到劳动的成果，而不是把眼睛锁定在物质荣誉上。比如，如果某个小组获得了第一名，可以给他们一个权利，选择把本组学生的座位迁到教室的最佳位置。有的孩子表现突出，可以鼓励他们做学校某些部门或活动的志愿者。

这些案例，我以为都是选择了第三空间的管理办法，尽量避免非此即彼的“是非”观念。我把这种管理理念称为“合作管教”，其背后逻辑是找到问题发生的真实原因。这首先需要自己的观念重建，让孩子产生归属感，一起合作参与改进的过程。

下面的一篇文章便描述了我享受过的在当下的交往场景。

秋天的天气自然是风清气爽，阳光温暖。操场上整齐地停放着几辆大型客车。今天是全校所有学生到国家植物园参加实践活动的日子。7:30 到了，教师和学生们都上了车，准时出发。

我被分配到八年级一个班，跟随学生一起，帮助班主任组织活动，保证学生的安全。我选择坐在车的倒数第二排座位上，邻座是一个胖嘟嘟的小男孩，起初我认为可能是某一同学的小弟弟，或者是教师家的孩子。这时，一名小学部教师往这边走来，反复嘱咐着自己的学生要保持安静，要系好安全带，不要随意站起来，并给每名同学发了一个塑料袋，以防有晕车呕吐的。我方知道原来这个小男孩是小学二年级的学生。

起初，我感觉到，旁边这位胖嘟嘟的小男孩有些紧张，端端正正地坐着，一句话也不说。于是，我主动说话了："你认识我吗？"小男孩说："不认识。"我说："我是你的校长啊！"小男孩憨厚地笑笑，摇了摇头，这表明他从来没见过我。然后他若有所悟："你是初中部校长吧？"我说："是啊，你今天真幸运。"小男孩很高兴的样子，不再那么拘束了。

"我家里有好多玩具，我姐姐在初中上学，就在外边那辆车上。"小男孩开始主动说着。我接着说："你怎么这么胖啊，是不是爱吃肉？"小男孩没有正面回答，他说："我有时候哭。"我问道："小男孩还喜欢哭啊？""有时我拼音拼错了就哭。我爸爸不喜欢我哭。"小男孩一边羞涩地笑着一边说。

"你看，校长，我妈妈给我带了好多好吃的，棒棒糖、薯片。"小男孩说。我说："这些吃了都会长肉的。"小男孩还是笑笑。我故意逗小男孩："你给我点吃好吗？"小男孩想了想，给我拿出一支棒棒糖："校长，给你。"我笑着说："谢谢你，还是留给你吃吧，中午你会饿的。"小男孩又小心地把棒棒糖放回包里。

一路上我们说了好多话，有些记住了，有些记不住了。但是，我很欣喜，因为我收获了与一位小学二年级学生纯真的交流与对话。他说的话，告诉我的每一个字，都是真的。这种真的感觉让我很放松，很享受，很幸福。这就是儿童本来的样子。

到了目的地，我与这个小男孩分开了。我随着八年级这群年龄较大的孩子们，按照他们的活动路线，夹杂在他们中间，一路前行。

植物园，自然是植物种类很繁多。一路的风景很美，但是并不吸引我。这一路我感受了这群孩子对我的尊重与呵护。在路上，不断地有几个女孩把自己带的美食，如薯片、奶油面包等递给我让我品尝。我对她们说："我像你们这么大时根本没见过这些食品，更别说吃过了。"我发现她们很不在意的样子，我就欲言又止了。

有个女生赶上我说："校长，今天你真帅！"途中发现树上一只小松鼠，孩子们很感兴趣，纷纷走近观察。小松鼠吓跑了，孩子们又离开了。继续高兴着，一路说笑着前行。我听不到他们到底在说着什么，他们应该有自己交流的语言，有自己感兴趣的世界。只有我去找他们时，他们才与我说几句。毕竟我们之间年龄相差近 40 岁，感兴趣的话题其实很难一致。

中午 12:00 左右，返程路上，我们找了一个较为宽敞的地方，路边有座位，有一个小卖部，大家纷纷拿出自己带的食物吃起来。我发现一种现象，大家不仅仅是在吃自己的食物，而是在互相分享。有一个男生带了烤鸭，硬要我吃。有好几个男生都走过来，请我吃他们的食物。

吃完饭，这群孩子把地上的垃圾清理干净。我们跟着前面导航的学生，出发去始发地。一路上如之前一样，各有各的交流对象，三五成群地、高高兴兴地原路往回走。班主任与几个胖小伙走在队伍的后面，我们时常需要等等他们。

其实，从这群正值青春期的孩子身上，我看到了他们纯真的样子。他们热情、友好、善良、规矩；他们乐于助人，懂得分享，彼此尊重。师生情、同学情，表现得异常真实。我看到了他们未来美好的样子。

这篇随笔我没有写绚烂的秋景，没有写植物多样的种类，也没有写其他不同的游人，而是写了些孩子们细微的表现与表达。因为我从他们身上发现了纯真，我从他们那里倾听到了很多属于他们的东西，这些孩子的纯真给我很好的教育，其实是给我上了一节课，给了我最丰富的厚遇。

当拥有“在当下的交往智慧”时，才能有如此真实的享受。做教育者，还有我们的家长，都应该有如此智慧，把自己最美好、最简单的一面如实地呈现给孩子们，孩子们同样会把他们最真实、最善良的一面回馈给我们。我向往这样的交往，期待这样的教育，憧憬这样的社会。

你我都可以成为“大家”

到一所初中校帮助梳理其理念文化，先是与参与的干部和年轻教师进行了一场心灵的对话，我是以自己自主成长的故事为基础展开唤醒，或者说是激励教师们的精神自觉的。

我发现，每一名教师都听得很认真，他们的脸上都带着笑容，还不时点头呼应。这是大家认同我的成长观点、认可我的人生经历的真实表露。尤其是离我比较近的一位与我年龄相仿的女教师，从头到尾她都是全神贯注地在倾听，好像用眼睛与我对话。下面这篇文章是这个教师后来写的学习心得，与大家分享。

30 年前的校友，今天的导师

我怀着对李校长的敬佩和好奇，想知道他是如何从一名普通的乡村教师成长为全国知名的特级教师的。我也想从他的讲座中学习到一些关于校园文化建设的方法和技巧，为我所在的学校提供一些有益的参考和启示。

会议室里大家都习惯性地坐到了外围一圈的椅子上，我也就选了一个靠边的位置。刚坐下，学校领导就招呼大家往前面坐，并提醒我们说李校长是一个非常接地气和没有架子的校长，开会不喜欢分主次，他在自己的学校就从来不坐在主席台上，这次就是要来踏踏实实地和大家贴心交流的。

我心中不禁有些半信半疑：一位来自北京的名校长、特级教师，被各种荣誉的光环簇拥，真的能够放下架子，愿意和我们这些普通教师面对面说心里话吗？当然心中更多的是对这次培训的期待，因为这样的话我们牺牲周末的时间来学校参加培训也值了。于是我主动移到了中间一圈离李校长较近的座位上。难得学校请来一位教育专家，只要他愿意倾囊相授，那我就认真地学习，积极地提问，如实地回应。

李校长开篇先介绍了自己毕业于胜利油田师专英语系，我心想：我也是胜利油田师专毕业的啊，他不就是我的校友吗？算起来我们还是同一年毕业的呢。虽然我们30年前互相不认识，但是肯定在师专的食堂有过无数次的擦肩而过，想到这儿，我立刻觉得他亲切了许多。

我最喜欢李校长提出的“个人成长中心”这个理念。人要学会自己培养自己，做“个人成长中心”的董事长：要结识一位品德高尚的忘年交；要有一个抛开权利因素的真心朋友；要有一个本领域内的高手朋友；要有一起研究教育课题的同事做朋友；要有媒体方面的朋友，以利于接收不同的思维方式；要有赏识自己的专家伯乐；还要有新锐朋友，如企业家、导演、演员等。如果不好遇到，就读他们写的书，也如同和他们成为朋友，他们会给自己启发。作为教师，要对自己教育教学过程中产生的资料做好搜集工作。朋友不求多，三观相同很重要。要有辨析能力，对别人的批评要能欣然接受，多关注自己的内心。

李校长像位老大哥一样从工作、生活的方方面面教我们各种充满智慧的办法，他的话细致入微、推心置腹，做的PPT大概有上百页，他来不及一一为我们展示，导致他不停地翻页寻找着更适合我们的内容，能感觉到他还有很多想要说的话题。我侧着头专注地听，寻找着自己30年的成长历程与李校长的理论的契合之处，忍不住地点着头，手里的笔不停地在本子上记录着，生怕漏掉李校长说出来的金句。

“勤于思考，静能生慧。”“卓尔不群必然有孤独感，不要怕孤独。”“与名师对话，站在别人的角度看自己。请专家指点，回过头来看自己。”“为自己打开一片空间，找到自己的专长。”“艳遇般地选书，初恋般地读书，过日子般地写书。”“人可以追求功利，但目标是超越功利。”“要感谢人生的磨难，把它变成自己的转机。”这每一句精妙绝伦的话，都值得静下来细细品味。

在这三个多小时的培训中，我收获了很多教育智慧和启发。我对李校长的教育理念与实践经验深表钦佩和敬意，他是一位真正的教育家，也是一位真正的人生导师。我觉得李校长的教育理念有以下几个特点。

首先，他注重学生的个性和发展，不给学生过多的课业负担，而是让学生有更多的时间与空间去探索自己的兴趣和潜能。

其次，他重视教师的成长和创新，不断地学习和反思，不满足于现状，不停止于成功，要求教师有敬畏之心、责任感、学习意识、创新精神、领导力、服务意识、反思能力、追求卓越的心态。

再次，他强调校园文化的建设和传播，明确校训、校风、办学理念，让学生和教师都爱上学校，为学校的发展和社会的进步贡献自己的力量。

最后，他倡导“个人成长中心”的理念，鼓励教师自己培养自己，结识各种有益的朋友，读各种有价值的书籍，做各种有意义的事情，做到内心强大、心态平衡。

文章到这里结束了，但是当你读完后，你一定会有一种感受：这是一位对教育理解很深刻的教师，否则，她不会捕捉到这么多的思考；她是一位渴望成长的教师，否则，她不会如此专注地倾听。

当大家都离开会议室时，我主动与她打招呼，知道了她的名字叫陈云靖，与我同一所师专毕业，因为是校友，我们互相加上微信。我陆续收到陈老师发来的几段文字：“老师们还是有一个思维定式，就是喜欢去发现错误。当孩子考了 99 分的时候就会指着那一道错题说，怎么就错了呢？为什么看不见那得了 99 分的题呢？”“大多数人是不能真正为他人的成功高兴的，其实内心深处更愿意分享他人的苦，从而安慰自己。所以好事情偷着乐吧，只有等到自己足够强大了才行。就像您现在这样。”“就像您说的，当一个人走向卓越的时候，就开始感到孤独了。但我一直在享受孤独。”“太好了，我一直憋着一句话，没好意思说出来：同志，我终于找到组织了！”

当我看到“同志，我终于找到组织了”这句话时，心里产生了异样的感觉。随后，我又收到陈老师的微信：“我要抓住这次机会，我也相信终身成长这个理念。我发给您关于我的‘自传’内容，学校里面是没有人知道的，校长更不知道，我有在刻意隐瞒。”我打开她的“自传”内容，让我大吃一惊，她不仅是一名音乐老师，竟然还是一名编剧，让我们一起看看陈老师“自主成长”的故事吧：

编剧和教师做的事情在本质上是一样的

我的本职工作是一位中学音乐老师。我认为编剧和教师做的事情在本质上是一样的。

我从小就喜欢听故事、讲故事。看书、写作陪我度过了童年的大部分时光。在同学中间我是“故事大王”，从童话、神话到武侠、科幻，我都能娓娓道来，很多故事都是我即兴编出来的。每天一下课，就有一堆小伙伴围在我身边听我讲故事。我喜欢写作，我写的作文常常被老师当作范文在班里朗读。我也喜欢看电影，看过的影片，只要闪现出任何一个画面，或者主题曲一响，我就能马上说出片名。小时候展现出来的这些特质，似乎都在暗示我将来会和影视工作有缘。

我的学生是我作品的第一听众

作为一名热爱写作的老师，我常常利用晚上和寒暑假坚持写作。做教师工作，在剧本创作方面不仅没有矛盾，而且有着得天独厚的优势。我上课有个习惯，就是会在下课前五分钟作为奖励给学生们讲故事。天长日久，“陈老师会讲故事”的名声就在学生中间传开了，为了能在下课前五分钟听到我讲的故事，他们认真听课，积极配合，听完故事后，又满心期待等我的下一节课。

学生们是我剧本的第一听众，他们会跟我及时反馈故事中的问题，交流感想。我从不轻视学生们的意见和反应，因为他们不出十年都会是观影追剧的新生力量。我不仅可以第一时间了解他们的喜好，还可以对他们的观影追剧起到正向的引导作用。

我觉得我可以，就去做了，也就成了

第一次接触到剧本是2010年，那时候我的儿子被选上参与电影《云之锦》的拍摄，饰演剧中男女主角五岁的儿子。我们拿到电影文学剧本的时候，着实惊讶了一下，原来电影一帧一帧的画面是本着这些文字拍摄出来的啊！等到电影上映，我再结合画面看剧本，心中便萌生出我也可以写剧本的想法。

后来，儿子陆陆续续接拍各种电影、电视剧。十几年来，我跟着儿子一起围读剧本，听导演讲戏，回看监视器里的片段，陪着儿子参与影视剧的拍摄，对影视剧的创作以及制作流程越来越明白。“我也可以写剧本”的想法也越来越强烈。于是，我开始看书学习剧作方面的知识，大量地阅读，随时随地记录灵感和感悟。

我记得麦基的《故事》这本书里写了一句话，编剧的技巧就是：“立刻去写吧！”我也坚信行动力是一切技巧的前提，只要写就没有一个字是白写的。

幸运的是从我2017年开始创作剧本，写的第一部电影剧本就顺利投拍了，写的第一个电视剧创意，就获得了华策克顿首届现实主义题材电视剧创意策划大赛二等奖。之后无论是电影、短片、微电影、电视剧的剧本，不是获奖，就是入围，这更加坚定了我要写下去的信心。

菁英+编剧大师班，一次成长的蜕变

能够参加万达菁英大师班，我感到特别的幸福。当时我正在创作的瓶颈期，几次获奖让我眼界宽了，心气也高了，写作的能力却没有跟上鉴赏水平，觉得自己就像一只正在长大蜕壳的螃蟹，每天在否定自己中痛苦地煎熬着。

刚好我的作品《亲爱的铲屎官》入选了万达菁英计划网剧十强，来到大师班那几天，我像一块海绵一样如饥似渴地学习着。围读剧本让我读到不同类型、不同题材的优秀作品，跟同期的菁英编剧们一起讨论剧本，结识到了志同道合的创作伙伴，让我觉得不再孤单。

菁英计划的组织者非常保护我们每个编剧的创作初心，鼓励我们大胆地提出问题，发表意见，积极探讨，专门为我们请来了正在热播的电视剧导演和编剧，还有中央戏剧学院的剧作教授为我们上课，一对二给我们安排导师。

针对每个人的入围作品，从故事构思、思想表达、市场层面，甚至拍摄角度，来引导我们该如何修改和提升。

我的导师是《赘婿》的导演邓科老师，他言语犀利、思维敏捷，不仅帮我指出了剧本存在的问题，还不遗余力地帮我寻找解决的办法，令我茅塞顿开，受益匪浅。大师班结束之后，由于“蜕壳”变得软弱和自卑的我，新的“外壳”很快长了出来，不仅比以前更加坚强，自信也重新回来了。

未来我希望能够在自己擅长的领域发挥作用，创作包含教育、艺术、家庭元素的现实主义题材的作品，以及青春、爱情、校园题材的作品，在科幻或者悬疑的题材上也能有所参与，可以不断创作出有温度、充满爱、能治愈的故事。

这就是一个有自己“秘密研究”的教师成长的故事，让人敬佩不已。如今，她正进行“校园情景剧”课程的课题研究，希望发挥出自己的专长，为学生的全面发展贡献力量，她得到了校长的大力支持。她说：“现在是到了这个年龄与资历，不得不这样做，加上校长支持，于是我又被推到了风口浪尖。”我对她说：“为了孩子们，好好探索实践，您提供了教师基于学科而超越学科自主成长的经典案例。”

我一直相信一个观点：中小学教师是可以成为某一领域的大家的。陈老师就成了一名剧作家。她的成长态度、方式与精神会给大家某些启发，助力大家实现人生的卓越成长。

找到自己的天赋与使命

当下的教育理念有一种趋势：更加注重关心学生的个性与志趣，希望学生德智体美劳全面发展；更加注重因材施教、知行合一的教学方式；更加注重在实践中学习、在创造中学习、在做事中学习。

看到学生们能够根据自己的兴趣，选择自己喜欢的课程，积极参与学习与活动，就感到异常的欢喜与兴奋。基于兴趣的探究式学习、基于主题的跨学科实践、基于需求的项目化学习、基于喜好的阅读活动、基于个性的特需课程等，在很多学校里已经成为常态的实践探索。这是多么迷人的教育场景啊，这意味着教育的进一步解放与进步。

“以学习者为中心”的教育正在积极行进中，却存在一种困境：这种教育需要训练有素且积极主动的教师。不仅需要教师有热情地参与，有足够的教育情感，更需要有基本的开发和实施课程的技能与素养。这给理想的教育增添了一定难度。学校给这些教师进行必要的相关培训变得至关重要。

在此，我有一种观点：作为一线的中小学教师，除去日常的教学工作外，可以结合自己的工作，也可以有别于自己的工作，选择某一领域，持续学习研究下去，成为某一领域的高手，甚至可以成为专家。比如，可以成为一名作家、画家、书法家、心理学家、家庭教育家等，而这又会促进教师的本职工作，为教师的人生增添更多的意义。人活着的最大乐趣，就是应该有意义地活着。能够找到自己最感兴趣的事情来做，按着自己人生的使命来做，这才是理想的人生。

但是，只有兴趣还不够。我阅读肯·罗宾逊和凯特·罗宾逊合著的《罗宾逊谈教育的使命》一书，其中关于“天赋”的文字，给我很大的启发。

天赋，是指我们喜欢的事情和擅长的事情的交会之处，它是自然能力与个人热情相遇的地方。一个人有自己擅长的事情很重要，但只是这样还不够，因为很多人擅长的是他们不喜欢的事。要把擅长的事变成天赋，你就不能只是擅长，还必须喜欢，你要享受把擅长之事变为工作的乐趣。天赋有两个特点和两个条件：特点是指能力和热情，条件是指态度和机会。发现并发挥天赋的过程通常是这样：“我发现它了！”—“我喜欢它！”—“我想要做这件事情！”—“咦，它在哪里？”

为什么发现自己的天赋对每个人来说都很重要？还有两个需要阐释的原因。其一是个人方面。生命非常短暂，我们只有一次机会享受生命。弄清楚自己喜欢什么，对于自我认知、人生规划和行动决策都很重要。其二是经济方面。随着人类世界的发展，我们的社区和机构的未来取决于能力的多样性。

关于找到自己的天赋的好处，上面两段文字已然说得很明白。也就是说，作为每天忙忙碌碌的教师，应该寻找自己的天赋，而不仅仅是忙着为自己的学生寻找天赋。我们找到自己的天赋，让自己的天赋得以生长，帮助学生的事也就变得容易起来，从而更善于教导自己的学生，让教育更有创造性，更加符合规律与人性。

那怎么找到自己的天赋呢？我自己的一个经验可以与大家分享一下。如果做一件事，自己感觉很喜欢，很愉悦，很有成就感，并且做起来不感到疲惫，能够坚持数年，越做越有感觉，越做越有获得感，成了自己生命的一部分，我认为这就是自己的天赋表现出来了。我喜欢读书，读了以后就写点文字，愿意为别人的实践进行提炼，这就是我的天赋：有学习力，有抽象概括的能力，有逻辑思维的能力。以前我一直在寻找自己愿意做，能够体现生命意义的事情，我现在找到了。我每年阅读几十本书，撰写几十篇文章，推动教师阅读，帮助教师、校长们提炼理念、主张，帮助他们做规划，进行课程顶层设计，感到无比的幸福与快乐。这就是我感兴趣做且擅长做的事，是接下来要继续努力做的事，也是我的使命。

在我的论著《教学高手是怎样炼成的》中记载了语文老师王晓燕的故事，她具有“以诗解诗”的本领，用经典解读经典：课堂上，王老师用不同诗人的诗解读教材上陶渊明的诗《饮酒》，流淌出来的诗词，如行云流水，信手拈来，课堂成了诗词大会，王老师成了一部鲜活的经典。

王老师退休后愿意返聘，仍然战斗在自己心仪的课堂上，在每天晨跑一万米的同时，依然每天都背诵唐诗宋词。早晨，总能看到王老师坐在讲台上，旁边放着一本被翻旧的《唐诗宋词词典》。

走近她的办公桌，我看到她面前摆放的书籍是:《老子今注今译》《笑谈大先生》《庄子哲学讲记》《诗经》《周易》《说文解字》《中庸全鉴》《论语别裁》《苏东坡传》《泰戈尔诗选》《蒋勋说唐诗》等。对于这些书，王老师都有自己独到的见解，都能融汇到自己的课堂里，影响着自己的学生；融汇到为人处世中，影响着身边的人。看着她每天满脸春风的笑容，感受她严谨治学的态度，我从内心里不由自主地称王晓燕老师为“大先生”。王老师就是一名典型的找到自己天赋的老师。

翻开《让天赋自由》，里面提到了什么是天赋，有如下几条说明：每个人的专属礼物，天资和热情的完美结合，发挥创造力，忘我，成为你自己。如何发现天赋呢？书中列举了五个步骤：一是找到属于你的圈子（有认同感、灵感、协同魔力即影响力，但要警惕群体迷失）；二是找到阻碍天赋的障碍（个人的限制——态度恐怖、自我怀疑，社会的偏见——群体思维、传染行为）；三是积极的态度（争取机会、听从直觉、期待积极结果）；四是找到属于你的导师（导师的作用是识别你的能力，激励、协助你纠正错误，督促、帮助你重新认识自己）；五是永远都不晚（真正的年龄不是生理年龄，保持可塑性，永远投入，永远年轻）。

至于到底怎么做，我想不必做过多解读，大家也可以阅读这本书，更详细地了解里面的内容。而我撰写此文的目的，是想呼吁我们的一线中小学教师们，尽快明白过来，去找到自己的天赋，让天赋自由，工作、生活等一切会变得更加顺利、更加美好。

当然，追求天赋自由的路上不可能一帆风顺，但是能够做自己擅长又热爱的事情，我认为永远都会让自己兴奋，得到慰藉，也不会对自己的方向有任何的怀疑，感到是在浪费时间和生命。

让天赋自由的使命会一直激励着自己，遇到再大的困难也会坚持前进。即使所谓的困难，也是对自己的生命有启迪、有意义的。选择让天赋自由还是让天赋沉睡，是一名教师值得深思的事情。

行动起来吧，你可以研究你擅长的班主任工作，你可以坚持阅读与写作，你可以探索自己的课堂，你可以实践与学生的交往方式，你可以实验你的发明创造，你可以成为一名家庭教育指导师、心理咨询师，等等。专注于任何一个领域，哪怕是一个细微的领域，只要按照自己的天赋与使命勇敢地坚持下去，你离一名教育家型教师一定会越来越近。

教师是教人成长的，这意味着教师要追求自己不断地成长，不断地研究自己的成长，方能发现并找到自己的天赋与使命，构成自己的成长观念和规律，持续地让自己的生命实现增值，实现一个人真正属于自己的成长。如此，教师便能“按自己的节奏走”，以这种生活方式来释放自己的潜能，才能好好地利用自己的天赋。

“按自己的节奏走”，需要两条腿走路。一是解放自己的职业兴趣，去大胆地爱上某个事物，专心致志地去努力追求。对自己最擅长的方面，去了解、发展和享受。二是关注学生，为学生提供机会和环境来促进学习，增强学生的能力，帮助他们通过不同的方式来成长。而这两条腿，又可以做到相互协调，步调一致。

这是我心目中的理想教师的样子，也许这样的教师多起来，以“学习者为中心”的教育才能更好地运行与实现，学校不再是人人诟病的地方，而是人人健康成长的摇篮和乐园。

发现自己内在的喜好与热情，找到且定义好自己擅长的事情，是每一名教师创造美好生活的最佳保障，也是每一名教师应对多变未来的绝佳机会。

正如英国散文家托马斯·卡莱尔所说:“发现自己天赋所在的人是幸运的，他不再需要其他的福佑。他有了自己命定的职业，也就有了一生的归宿：他找到自己的目标，并将执着地追寻这一目标，奋力向前。”

PART 3

第三辑

拥有投资自己的远见

导语

孔子提出的“学而不厌，诲人不倦”，杜威的“教育即生长”理念，以及苏霍姆林斯基对教师自我教育的重视，都表明教育者自身应该通过不断学习与自我提升来更好地教育和影响学生。

学生时代，我们通过学习为未来奠基。步入职场后，事业则成为对这一投资的回馈。然而，与学生时代相比，职业生涯更长，对幸福感的影响也更深远。所以，为了在任何时候都能拥有绝对的实力和自主选择权，我们需要持续投资自己，从而通过各种方式形成个人“竞争壁垒”，拥有他人没有的稀缺资源。我们要明晰自己的定位，不断拓展知识领域，善于树立品牌形象，善于用专业思维做生活中的有心人，使竞争对手难以模仿或替代。

我们应目光长远，为整个生命进行规划，并赋予其使命感。如此，为实现使命所付出的每一步努力，都将成为生命进化的推动力。拥有生命整体观，我们才不会局限于一时一地的得失，而是主动去完善生命，为之服务，进行自我创造。

为了长远发展，我们可以开启生命化阅读，实现自身成长的蜕变，将书中的思想精华融入灵魂，也可以为自己创造各种学习资源，专注于一本经典、一个专题、一位名家。这些资源都能为我所用，就像置身知识的海洋，我们可以创建专属自己的成长“大学”。在这里，学什么、怎么学、向谁学、学到什么水平、学到什么年龄，都由自己决定。

一个有投资远见的教师，也一定善于经营自己的情绪。他们将正向能量视为资源，去润滑家庭和学生。他们能主动重视、积累和管理教育教学知识与智慧，懂得在专注做事中获得内在的生长力量。他们能将教育教学工作情境中的机会有效转化为经验、策略，实现思想、心灵、修养、品质等的转化，进入良性循环，为自己带来巨大的改变和提升。

出发去寻找更优秀的自己

出差，自然免不了要住酒店。我住酒店，完全由朋友来定，不讲究其条件与品位如何。这些酒店给我各不相同的感受与启发。

有的酒店，房间面积很大，给人开阔的感受，除了洗漱、睡觉等用的物品外，其他空间、墙面等都是空的。有一次住在某个城市的一家酒店，除去睡觉的房间，外间还有一个很开阔的待客办公的空间，沙发、茶几、老板桌、书柜一应俱全。其实就我一个人居住，这样的空间只是经过而已，根本用不上。晚上睡觉时，有时还会产生丝丝不安全的感觉，自己的能量好像被分散出去好多。

有的酒店却很精致，比如墙壁上会挂着一幅油画，或挂着一幅山水写意画，或挂着一幅书法作品。被服务员整理后的床面上，有的还会放着由白色毛巾叠编的虎头娃娃，或者是白天鹅，前面放着两根绿色的树枝。一看就让人顿生温暖、祥和、欢喜的感觉。有的酒店会在床头柜上、洗脸盆旁放一个可爱的小玩偶，上边挂上写着温馨话语的卡片。甚至有的酒店会放一束鲜花，送一盘水果。这都让人过目不忘，恋恋不舍。

最让我喜欢的当属某县城的一家酒店，一走进大厅，就感觉到别致、温馨、简练。先说色彩吧，采用的是原木淡色，色彩基本统一，搭配和谐，不突兀。最吸引我眼球的是大厅的一面墙立着一排书柜，里面格子里放着最近流行的书。我问服务员是否卖，服务员回答可以的。之后的两天里，我每次回酒店，或出酒店，都会在这里逗留一会儿，我挑选了两本喜欢的书。

住进酒店，里面也有一些小小的细节与其他酒店不同。比如那些洗刷用具，被放在一个小包包里。比如一些茶具，都是陶瓷的，颜色古朴，样式又有些现代。

更让我欣喜的是，有一本书，放在床头柜上。起初我并没有留意，因为我在其他酒店看到的书，大多是介绍酒店服务项目的，也有介绍当地风景的。但是这本书却是酒店的初创人撰写的，是作者用十年时间写成的随笔集。

我经常阅读一些企业家写的书，因为可以学到一些跨界的思维方式与管理智慧。想向这些成功人士寻经取道、想了解他们的人，完全可以读读他们的文字。

这本书浓缩了一位具有代表性的企业家、创始人十年的思想与经历，也是我们所处的创业时代有意思的切片，既能从他的成功经验中获取养分，也能从他的人生哲学和生活美学里汲取能量。

工作单位是学习之所，我以为酒店也是学习之所。大家看，不同的酒店，给人的感觉是不同的，这些不同正是需要学习、反思的地方。学校也是如此，班级也是如此，应互相学习，取长补短。长着一双善于发现的眼睛，有勤于思考的大脑，任何地方都是学习之所。

既然酒店会给你不一样的感受，那你所经营的学校、教室等任何教育之地，不是同样会给学生不一样的感觉吗？这就是学校文化的力量，我们应该从中有所感悟。

出发，一路行走，所见所闻，所思所想，皆是学习。我心仪这种新奇的感觉，新的景物、新的人群、新的地点都在冲撞着我的心灵，连绵不断的知识与智慧汇入大脑，时刻发酵酝酿，继而生成一些自己都感觉不可思议的新的观点。尤其是得到他人的理解与认可，更是令自己喜出望外，动力满满，使命感油然而生，幸福感充溢全身。

下面是五常市教育局张忠涛局长发给我的信，我想与大家分享一番。

李大哥：

为期一周的现场指导、点对点帮扶结束了。一路舟车劳顿，每天日程满满，白天答疑解惑，晚上个别交流，您辛苦了！再次向大哥表示感谢！

昨天，我第一次参加一线老师的交流活动。铁路学校老师的精神面貌和实干决心完全出乎我的意料。我非常欣慰，非常高兴，五常教育前景一定无限光明。这一切，因为有理想饱满、热情洋溢的晓红校长的领导、示范和带动，更因为有您无私的帮助指导、真诚的付出奉献。您驰而不息的求索精神，来自实践的专业能力，博大宏远的教育情怀，孜孜以求的勤奋态度，谦和包容的做人处事，协调四方的工作艺术，都给我们留下了深刻的印象，让我们既感动又佩服。

缘分妙不可言。我从乡镇干部和委办主任的岗位上转来，面对庞大的教育系统和令人忧虑的教育现状，三年来几乎夜不能寐。我深知我的薄弱之处就是我的教育专业能力。在人生的紧要处，偶然与大哥相逢，随即成为挚友。大家现在都在读您的书，激发了颇多心得，开始思考实践和总结，这是您赋予五常教育的巨大能量。我相信，您一定会给五常教育带来不一样的改变。有您真好！

关于五常教育，我是这样思考的：在决定教育发展的一切因素中，最关键的是人。在选人用人上，我做到了严格把关，绝不含糊。接下来，就是打造优质学校，实行典型示范。所以，我有以下几点想法：

一是把铁路学校从一个薄弱学校打造成一个示范性学校。这样，对实现教育均衡发展、教育公平、提高人民群众满意率是意义非凡的，对影响和带动校长队伍是有说服力的。

二是把雅臣高中发展好。校长没有高中的管理经验，高中要比小学和初中学校复杂得多。您在这方面经验丰富，烦请大哥多帮他出主意，想办法。如果有治理薄弱高中学校的高手，能给他再介绍两个好朋友更好。

三是把五常镇二小，打造成小而美、小而精的学校。雪楠校长文化底蕴深厚，善于学习创新，进取心强烈，敢担当、能付出，未来一定能成为一名专家型校长。

四是以上述三所学校为主，再带动三至五所优质学校提升拔高，这些学校形成一个领航的雁阵，如此一定能大大改变五常教育面貌。三五年内，大哥就可以系统化梳理您指导五常教育发展的经验，我们就可以一起向世人解读，为什么是李志欣，为什么是五常。

五是大哥下次来，可以带几个教育界的媒体朋友。五常也有一些好做法，报道报道学校和校长，他们会更有信心和干劲，上级和群众的认可度还会提高。

六是您到新的学校以后，互派教师交流，我觉得非常好。我想五常的小学和初中学校先交流起来。高中学校，雅臣高中先进行，也可请专家入校指导。

七是密云的“全学习”培训基地，我们去了两批，回来后我亲自组织会议总结，推动效果很好。九十月份，我还想继续派，不知道密云的学校会不会感到厌烦。

八是您提到的组织一个全国性的读书活动，我觉得这个切口和创意很好，咱们争取做成，应该有些影响力。

祝全家人好！

我反复阅读张局长这封情真意切的信，感受到张局长的清晰思路与殷殷教育情怀，以及他想尽快把五常教育办好，办出个样子来的决心和期待。我顿感责任重大。

我曾经在飞机场候机厅书店买下胡适著的《四十自述》一书。书中胡适先生在回忆前往上海求学的经历时，曾写下这样一段话：“我就这样出门去了，向那不可知的人海里，去寻求我自己的教育和生活，——孤零零的一个小孩子，所有的防身之具只是一个慈母的爱，一点点用功的习惯，和一点点怀疑的倾向。”

我相信，出发其实就是为了寻找更优秀的、更有意义的自己。我也学胡适，出发去外地求学，向那不可知的人海里去寻求我自己心中的理想教育和美好生活。我喜欢这句话：“所有的成长到最后总是一次旅行。”

认识到为生命进化服务的重要性

有几个年轻的教师经常把自己读书、写作与研究的经历与我交流，把其成果发给我指导。我很敬佩这样的年轻人。首先，他们有自我成长的驱动力；其次，他们懂得找个先行者作为自己的人生导师，不断指引自己的行动方向。我通常会鼓励他们说："要坚持下去，不要着急。"

为什么我总是对这些年轻人这样说呢？因为我接触过很多曾经有志的年轻人，刚开始都有如此的热情，有信心实现自己成长的飞跃，愿意与我建立联系。但是遗憾的是，大多会不了了之。

阅读美国彼得·圣吉等著的《第五项修炼：终身学习者》一书，其中的一些观念帮助我理解了这些年轻人的现状与习惯。书中提到了"反应性学习"与"更深层的学习"两个概念，并做了如下阐释："各种学习都包含思考和行动。在反应性学习中，思考是在已有的心智模式下进行的，而行动则是在过去的行为习惯模式下进行的。更深层的学习实践能创造对更大整体的更深层的见解，包括整体的现状及其演进的方向，学习所带来的行动将越来越成为创造未来的过程的一部分。"

上面提到的那些总是不了了之的年轻人，他们的理由往往是太忙了、没有时间，这是因为他们的学习是局限于对学校及周围当下环境做出的反应，产生的新思考和相伴的新行动，与自己感到舒适的、熟悉的、习惯的思维方式和行为范畴产生了博弈，短时期得不到预期回报，便对眼前的不尽如人意的结果，对与自己所了解和相信的不尽相同的说法和做法，有了质疑的态度。我曾经反复提醒他们，试图唤醒他们，但是得到的回应却是苍白的，甚至是一些抱怨，久之，就变成了对眼前利益与习惯的辩护，最终会强化自己原有的心智模式，想当然地认为自己现在的行动应该是“正确的”。

重复每天的思考与行动自然成为常态，低质思维和行动的生活推涌着自己的人生航程。那些“做个平常人”“多活几日比啥都强”“等退休再好好干点自己的事”的议论，完全是在自己原有的世界观里寻找安全感，如此，与外面的世界便隔离开来。

别忘了，人与机器不同，人与大自然一样，是一个活跃的、有生机的生命系统，生命系统不像机器只是部件的组合，它是时刻都处在生长变化中的。因此，一个人在考虑自己的生命成长时，首先认定自己是一个整体的生命系统，其次自己又是一个局部的个体。大约 200 年前，德国作家、科学家歌德就认为，整体是一种动态的活体，它不断地“以具体的表现形式”生成持续变化的现实存在。而局部则是整体的一种表现，它绝不仅仅是一个组成部件。整体的存在是通过不断地表现为各个局部来实现的，而局部则是以整体的具体化身形式而存在。

该书观点认为：“所有学习都涉及我们如何与世界互动，以及从中能开发什么样的能力。有所不同的是见解的深度，及其所带来的不同的行动原动力。如果见解从未超越事件本身和眼前情况的表面层次，行动就会是反应性的。然而，如果能深入参透更大的整体及其所生成的‘现实’，以及我们自己与这个整体的联系，那么我们行动的原动力和有效性就将获得更大改观。”

但是，事实却是不断生长变化的生命整体相遇呆板停滞的个体局部。具体来说，生命系统整体不可阻碍地自然成长，而个体行为却习惯于当下的现状，因缺乏有意义、有力量的高远的使命，而相对静止。也就是说，这样的生命个体不能清楚地意识到“什么样的行动才能服务于正在生成的现实，以及怎样让新的灵感和洞悉服务于呈现中的新现实”。生命整体与个体局部不是同步的，思考与行动不是一致的，目标与使命不是匹配的。个体局部无法满足整体生命的成长需要。

书中说很多创业者所表现的能力，是其体察客观情势，并使自己的行动与之相适应、相和谐的功夫水平的展现。正如著名经济学家赖恩·阿瑟所说：

“每一项意义深远的创新都要以一种内求的历程为基础：潜入内心更深处，使实证和真知浮出水面。”这种内求的历程就是所有创造力的核心。“一方面是很强大的自信心，觉得自己的选择和行动事关重大；另一方面是很深的谦卑感，觉得有超越自己的力量在引导自己。”

书中说“各个有生命的组织，要学会融入超越自身的更大的势场，并导引自身朝着利于全局健康和兴盛的方向努力。”

我可以打一个形象的比方，这个比方也是听了一个年轻人的倾诉而想到的。年轻人说：“有很多需要我去争取做的事情，有很多的荣誉等待我去摘取。”我说：“你要有自己整个生命的最终的使命，这个使命在你前方遥远的地方，也许你现在是看不到的，却是你需要一生付出努力去寻求的，而且这个使命不要随意更换。而追寻这个使命的道路就在你眼前，道路两边不时会出现各种美丽的鲜花和累累的硕果，你完全可以因你的付出去观赏你遇到的这些鲜花和硕果，但也可以不贪恋这些，一直往前走。切记你的思考与行动是为了最终的那个人生目标，路边眼前的这些鲜花和硕果对你来说不是最重要的，即便不停下来欣赏和摘取，也不会影响你对使命的执念。有了这种心态才会实现生命整体与个体局部的和解，近期目标与远大使命达致和谐。如此，方能觉悟主动为生命进化服务的重要性，有意识地参与更大的变革之势场。势场会发生改变，塑造客观现状的各种力量，就会从重演过去，转向促生正在呈现中的未来。”

书中说：“真正的领导力并非来自企图心或是源自地位的威权，而是来自一个人一生专注培育自己的深入倾听能力：既倾听当下，又倾听若隐若现的未来，以及将自己的注意力从无论是金钱、权利还是奉承等自我关注或他人的不良影响中释放出来。”正如黎巴嫩作家纪伯伦的一则小诗所描述的一样：“如果有一天，你不再寻找爱情，只是去爱；你不再渴望成功，只是去做；你不再追求空泛的成长，只是开始修养自己的性情，你的人生，才真正开始！”

有一个年轻人对我说：“我每天坚持看一篇文章，体会文章的思想观点、语言表达，甚至是它的谋篇布局，我感觉到了自己的镇静，有一种思考与行为碰撞，然后生成自己的想法的冲动。我把这些奇妙的体会记录下来，形成一篇文章。”我说：“你已经走在不再在乎眼前结果的输赢，去虔诚地经营自己未来的那项崇高的事业的路上了！”我希望他仔细领会南怀瑾大师在《原本大学微言》中指出的“领导力形成发展的七证反思空间：知、止、静、定、安、虑、得”。

我曾经给年轻教师写过一封关于成长方面的信，下面是其中的部分内容：

未来是不确定的，年轻的老师们，你们面对的不仅是当下，更重要的是你们是面对未来的。个人因素往往只是成功的一个既非充分又非必要的条件，有准备的人成功的概率会大得多。让你们读点书，你们可能认为没有多少用处，可是你们不明白一个道理：你们的气质、思想与行动，都与你们读的书是有关系的。当时你们没有感觉到，但是你们的学生会感觉得到，时间久了，你们的气度就显露出来了，那时，你们会与众不同的。这需要积累，任何急功近利的想法和做法都不可能如愿以偿。

兴趣遍地都是，专注和持之以恒才是真正稀缺的。生活中的选择远比我们想象的要多，是细微的选择差异造就了不同的人生。一生的知识积累，自学的起码占90%。你们虽然学历较高，但教育教学是一项极其复杂且创造性很强的工作，它需要每一名教师不断地学习与充电。苏霍姆林斯基在《给教师的建议》中谈到“教师的时间从哪里来”，当一位30年教龄的历史教师回答“你用了多少时间来备这节课”时，他淡淡地说：“对这节课，我准备了一辈子。而且，总的说来，对每一节课，我都是用终生时间来备课的。”趁着对一件事有热情的时候，一股脑儿把万事开头那个最难的阶段熬过去。任何一点时间都可以用于阅读与学习。

大家可以看一看经济学家是如何用一个公式表达复利效应的：该公式为 $(1+r)^n$，r 代表你正在做的事，n 代表时间。如果你每天坚持看半个小时书，每天坚持跑步半小时，也许一天两天，你和别人的差别无法显现出来，但三四十年之后，差异是你想象不到的。只要 r 为正，即你在做正确的事，时间就会为你带来奇迹。

其实，一句话就可以解释清楚我想表达的观点："为一个更大的整体的福祉服务，生命就能实现不断地自我创造。"谁能想到、做到这一点，谁就能实现工作、生活与生命的自然融合，最终收获幸福美好的教育人生。

以阅读开通立己达人之路

我酷爱阅读，把读书当作每日生活的必要部分。长期坚持阅读，让我从一名普通的农村教师成长为省级特级教师；带动教师、学生和家长阅读，我转变了五所薄弱学校，使其步入优质学校的行列；以阅读为指导校长、帮扶学校的抓手，培养了一大批优秀的校长；从个人自觉阅读到志愿影响全国各地更多教师阅读，共同推动阅读，我找到了一条立己达人的光明道路。

生命化阅读，实现自身成长蜕变

我无限相信阅读的力量。一个人的阅读，就是他热爱的生活，成长的生命，生存的道路。他所阅读的每一本书，里面的思想精华都会化作灵魂的一部分，让他的修为更加高贵，心灵更加自由，做事更加智慧。

不忘立德、立功、立言的做人使命，一直是我阅读的动力。从 1992 年起，唯一贯穿我 30 年教育生涯的是书。我笃信：教师每天读书学习的姿态、每天递增的品质、每天的拔节生长，就是给学生的最好的礼物。

特别是近 20 年，我始终秉持“深度阅读”的策略，保持着每年 30 ～ 50 本书的阅读量。每读一本书，自觉链接已有认知结构，把读书心得及时发布在公众号、简书上，举办读书沙龙，与大家分享；每读一本书，都伴随着思考、实践、再阅读、再思考、再实践的循环往复，让所学知识及时获得转化，生成阅读的成果。

我每年都会有 5 ～ 10 篇阅读成果发表在《人民教育》《中小学管理》《中

国教育报》等专业报刊上，至今已有300余篇。阅读成就了写书的梦想，至今已出版论著十余部。其中由华东师范大学出版社出版的《优秀教师的自我修炼：给青年教师的成长建议》和《教育微创新：发现细节的力量》，长江文艺出版社出版的《教育之眼》，跻身中国教育新闻网2018、2020、2023年度“影响教师的100本书”之列。

在商务印书馆等主办的以“阅读何以致用”为主题的阅读推广沙龙上，我曾深情地说出了自己的观点：“初恋般地选书，热恋般地读书，过日子般地写书。”这是我阅读人生的真实写照。

中国教育报2005年度推动读书十大人物陶继新老师如此评价我：“李志欣从乡村中学跻身北京名校，由不会写文章到作品发表和专著出版，抒写了一个传奇而又壮美的人生。这给校长和老师们一个重要的启示：每一个精彩的人生都是自己写就的，而自主自觉且又持之以恒地读书与写作，则是打开这一密码的钥匙。”

立体式阅读，推动学校高质量发展

推进人人、时时、处处读书行动，一直是我的努力方向。我热衷于寻找专业阅读的同道之人，引导教师建设民间型“阅读自组织”。我认为，这种以教师阅读为驱动的专业发展的民间通道，才是教师专业发展的常态。2007年，我在山东省利津县北宋镇实验学校工作时，成立了“教师成长志愿者共同体”，一群农村教师，于每个星期四晚上，自愿准时参加共同体的活动，开启了专业阅读、专业写作和主题研究的共同生活。

为了给学生“减负”，实现课堂增效，让学生有充足的时间自由阅读，在理论阅读的支撑下，大胆实践“零”作业下的教学改革。这在15年前，可是个破天荒的事件，却带领这群农村教师创造了一个奇迹，并于2012年荣获山东省教学成果评选一等奖，《光明日报》《中国教育报》等报刊先后专题报道18次，2014年又荣获首届国家级教学成果评选二等奖，不少教师的成果也在《人民教育》《中国教师报》等报刊上发表。

在此期间，我还鼓励教师积极参加社工志愿者活动，利用休息日走进农村，走进家庭，研究家庭教育案例，陪伴孩子读书，与村民一起坐下来读书，引导家长为孩子读书做好表率，为引领农村精神文明建设提供了经典行动案例。

2016 年，我在北京市育英学校密云分校工作时，引领老师们自发组建了以骨干教师为主体的“教师领袖成长俱乐部”、以青年教师为主体的“未来教师成长联盟”，每月组织一次读书论坛，鼓励大家每月上交两篇文章。每次活动我都全程参加，对老师的发言做点评，每篇文章我都认真阅读并提出修改意见。我还邀请一些在阅读方面有成就的人参与我们的活动，分享他们的阅读故事。

我主张把阅读课程纳入学校课程与教学改革的重点工作。我指导教师编制“全学科阅读”课程行动方案，通过全学科阅读，进行学科阅读实践，完成自主阅读，实现阅读应用，探索不同学科阅读教学指导的一般策略和学生阅读的基本模式。学校提出了专题阅读与方法渗透、课上与午间阅读、自由与联盟阅读、学校与家庭阅读、任务与活动结合的“五结合”策略，创新了阅读空间课程设计理念，让校园的角角落落都成为读书区域，让时时、处处、人人阅读成为现实，在通过“全学科阅读”实现“全学科育人”方面做了富有成效的探索。学校还广泛吸收家长和社会各界朋友利用节假日走进学校，举办各种形式的“读书会”。大家喊出了“打开书，读吧；读了书，聊吧”的阅读宣言，读书在校园里热闹起来。

读书加快了教师成长，职业倦怠悄然消失，教育教学质量随之大幅度提升，在社会上产生了强烈的反响。《人民教育》《中国教育报》《中国教师报》等多家报刊先后宣传报道 22 次。2018 年 5 月，北京教育音像报刊总社录制了《身边的好学校》地铁宣传片。2019 年课程改革成果获北京市基础教育课程建设优秀成果评选一等奖。

群体性阅读，成就他人梦想成真

通过推动阅读，实现带动、帮扶、辐射效应，一直是我的价值追求。我白天上班做好自己的分内工作，晚上、节假日等业余时间做好自己的“秘密研究——读书与写作”，引领、推动他人和群体的阅读行动。

北京市密云区教委于2018年成立第二届名校长工作室，聘任我担任工作室的领衔人。我认为，从推动校长阅读开始，应该是最基础的行动，如果没有校长的阅读，便不会有教师和学生的阅读，更不会有理想的教育。我推动校长们围绕发展定位，采用多种学习方式，开展教育名著研读，提升专业理论素养，逐步形成自己的教育思想和办学理念。

2018年，学校帮扶对接张家口市蔚县桃花镇初级中学。我与该校校长达成一个共识：教育精准扶贫不能仅仅停留在为几个贫困学生捐资捐物上，最重要的是“扶人”“扶志”。我们开展了推动干部、师生的读书行动，让贫困地区的孩子“富”了脑袋。在我们的带动下，密云区和蔚县更多学校和名师工作室，纷纷邀请工作室的校长参与读书活动，帮助他们开展阅读推广行动。以推广阅读的方式开展校长工作室与精准帮扶工作，继而影响辐射区域内学校积极参与，这一蝴蝶效应促进了城乡教育优质均衡发展。

2020年6月，《中国教育报》对北京市密云区名校长工作室做了题为“把脉文化　共谋发展”的行动纪实宣传。2021年3月，学校获“北京市扶贫协作先进集体”荣誉称号。

随着报道的深入，山东、河北、重庆、河南、安徽、湖北、山西等十几个省市的教育局和学校，邀请我担任名校长和名师工作室的领衔人或阅读顾问。此外，我还积极参与了“大夏书系”、《中国教师报》、《教师博览》等组织的阅读分享活动，受众达十余万人。

我尤其愿意应邀参加民间型教师阅读活动，为这些渴望阅读成长的教师提供专业支持。哪怕是慕名联系到我的教师个人，如贵州、新疆、内蒙古、黑龙江、海南等偏远农村、山区的老师，我都会热情地与之交流，赠送他们论著，通过电话或微信一对一鼓励他们坚持走阅读成长之路，帮助他们修改阅读心得文章，为他们的论著撰写序言。多年来，累计参加活动200余场。

目前，我正与来自全国各地的300余位年轻教师一起推动阅读。我帮他们制订了三年成长规划和阅读计划，组建读书会，确立书单，制定读书公约；每个月读一本书、组织一次研讨交流；帮助他们配备阅读教练，形成常态化的互动交流；开展工作日志、读书笔记、教育叙事、教学设计或反思等方面的写作训练。行动目的在于唤醒他们的专业阅读兴趣，提升深度阅读能力，培养越来越多的阅读推广人。

之所以我愿意与他们同行，是因为我深知他们正如以前的我，渴望阅读，渴望成长，渴望引领。我坚信：立己达人的阅读，将是一场永远走不完的幸福之旅。

创办属于自己的“成长大学”

有一位来自陕西的老师，网名叫本本老师，因阅读我的论著《做个自驱型教师》，写了一篇心得《中年教师该如何突围？“自专业”也许是一个不错的选择》，读来令我深思，我看到了当下众多一线教师心灵成长的羁绊，精神成长的无力。

本本老师的所有文字，我认为都是其内心的真实流露。现从中摘录三部分，大家可以细心体会。

第一部分文字体现出本本老师反思自己多年的生存状态，突然开始觉醒，渴望再次走上成长之路的内心纠缠之状。

不知不觉已经年到不惑，距离“天命之年”，也不过只有十年时间，三千六百多天，八万多个小时。

可是仔细想来，我不仅没有“不惑”，反倒是更加迷惑了。

尤其是专业成长方面，这些年来，我一直都待在自己的瓶颈期里，始终没办法突破自己。

虽然我知道，作为一名语文老师，最该做的事情就是读书，可是不知从什么开始，我只要一翻开书，就打瞌睡。

所以，这些年来，我虽然买了一大堆书，但大多在桌子上吃灰，有的翻开了几页，夹上了书签就放在了那里，有的干脆没有打开过。

就算勉为其难地读完了几本书，可是等到把书合上之后，却发现自己什么也没记住。

就像一位朋友所说，我以为自己是在勤奋学习，实际上不过是在装点门面，做出一副很勤奋的样子。

就像我曾经信奉的那句话——“请不要假装努力，因为结果不会陪你演戏”，虽然在教育这条路上行走了好些年，却依旧两手空空，大脑空空。

很多时候，我不是不知道自己的问题在哪里，可是好不容易做出决定想要改变自己，却始终是语言上的巨人，行动上的矮子。

就这样拖延着。

拖着拖着一天过去了，拖着拖着一个月过去了，拖着拖着一年过去了，然后好几年过去了，我依旧还是当初的样子。

每天做着重复的工作，看似四平八稳、风平浪静，照这样过下去，顺利熬到退休，应该不是什么大问题。

可是每到夜深人静的时候，还是有些不甘心。

从我自己的角度来看，我打小就是一个不愿意屈服的人，就这样从40岁就能看到自己60岁的样子，总觉得充满了遗憾。

从学生的角度来看，我自以为这样做对得起学生，毕竟，每年的期末考试，我所带的学生虽然成绩不拔尖，但也没有垫底。

可是转念一想，学生陪着我一起走过三年，究竟学会了什么？

没读过几本书，没写出几篇像样的文章，除了冰冷的数字，他们什么也没得到。

这些年来，我不是没有做过各种探索，只是因为没有长性，还没有等到我的探索开花结果，就选择了放弃。

虽然有各种客观原因，但是根子还是在我自己身上——但凡我能做好规划，这些实验探索也就不会无疾而终了。

我想，当大家读到这里，可能会惊呼：“怎么这么像我的人生啊！”如果有这样的感觉，可能是好事。接下来需要行动了。

但是，当认真阅读本本老师的第二部分文字，你会反思自己：“怎么我也是如此行动？”

这些年来，我虽然读了一些书，听了一些讲座，但是大部分讲座都是上级部门统一组织的，是不得不听的那种。

诚然，我算是一名好学生，每次听讲座的时候，我都在认真做笔记，但是等到培训结束了，笔记也被我扔到了一边。

过不了多久，老师讲的内容，就被我忘得一干二净了。

至于我读的那些书，要么是别人推荐，要么是见猎心喜，作者观念各不相同，甚至还相互对立，读了之后，我不仅没有收获，甚至还会陷入自我怀疑。

因为这样那样的缘故，我所谓的“成长”，完全是按照别人的安排在推进，从来都“没有自己的节奏”。

说“没有自己的节奏”，只是在给自己找借口，严格说起来，我是“没有自己的方向”。

你或许有同感，感觉自己陷入了被培训、被学习、被定制的怪圈里，完全没有自己的打算、规划、方案、跟进、反思与总结。过着被他人安排左右的生活，就像一根漂泊在滚滚河流里的稻草，毫无力量按照自己的方向和目标前行。

当阅读本本老师的第三部分文字，我想，有类似本本老师现状的老师，或许自会找到解决之道。

上次赛前培训的时候，前辈李老师曾经提到过“哲学三问”——我是谁？我来自哪里？我要去哪里？

现在看来，这三个问题，我一个都没有弄明白。

我是谁？

我是年近四十的中年老师，虽然积累了一些经验，但是多年的野蛮生长，早就让我形成思维定式了。

无论是课堂上的口头禅，还是平日里的小动作，无论在学生问题上的先入为主，还是在教材解读上的固执己见，都已经成为阻碍我成长的拦路虎。

我想要成长，最重要的事情，就是突破原先的思维认知，虽然这是一个很艰难的任务，但是如果不打破这样的认知屏障，我就不会有真正的进步。

我来自哪里？

我是农村初中语文老师，面对的是普通的学生，身边的同事虽然都比我优秀，但是他们跟我一样，实践经验丰富却没有形成自己的理论。

基于这样的现实困境，我要成长，就必须走出去。

一方面，我需要借助阅读打开自己的视野；另一方面，我要尽量找机会外出学习，去与不同的思维碰撞。

我要去哪里？

首先我不再年轻，除了继续做现在的工作，其他的事情，我也做不了；其次，退休还早，如果继续这样浑浑噩噩过下去，不仅是对自己生命的浪费，更是对学生生命的谋杀。

年到不惑，成名成家已然不可能，但是职业生长这件事，从来都没有终点。最起码，也不能像我以前一样，误人子弟而不自知。

于是，就有了新的问题，我该怎么走下去？

找对了方向，很多问题就可以迎刃而解。

也许，李志欣老师的“三个一”读书行动最适合我——

“翻烂一本经典”：在教学改革的今天，我最该关注的其实是核心素养，所以，接下来的很长一段时间里，我应该反复阅读余文森教授《核心素养导向的课堂教学》这本书，就算做不到烂熟于心，至少也要窥其一二。

“主攻一个专题”：作为老师，最重要的课题，就是我们的课堂，接下来的时间，我将认真解读教材，带领学生在字里行间反复行走，寻找语言文字的奥秘，从问题设置到板书设计，从师生互动到评价导向，我都要认真研究。

“精研一位名家”：对我而言，“一位”是不够的，因为现在的我，还处在广泛采蜜的阶段，但是我想，目前我最该做的，还是好好读读余映潮和肖培东的作品，因为他们两人，一个可以让我的课更规范，一个可以让我的课更深入。

我还需要继续写下去，把我的困惑和见解诉诸文字，发表在我的自媒体平台上，聆听别人的意见。

只有这样，我才能跳出自我的框子，看到更大的世界。

这，也许就是我接下来该走的路。

也许，这根本算不上“自专业”，因为这本就不专业，但也算是自生长。

剩下的，就是坚持。

读完了本本老师的三部分文字，一个勤奋朴实的教师形象跃然纸上，一个追求成长却迟迟才行动的教师历历在目，一个因阅读一本书而惊醒，发现自己认知障碍的教师扑面而来。这个教师是曾经的我，可能也是曾经的你。本本老师说出了很多教师掩藏在自己心底的话。怎么办？答案应该自己找。如果认为说的就是自己，那就马上行动吧。如果认为不是自己，那就恭喜你了，继续坚持下去，最好还要以自己的行为来唤醒、鼓励和引导身边的价值观相同的同事一起行动起来。

其实，我认为本本老师自己的不够坚持，除去环境、现实等外在因素，更重要的是没有发现读书、学习和研究的内在快乐。当然，本本老师有如此的反思，本就证明他自身是一名负责任的优秀教师，只是感觉自己成长慢了，没有按照自己理想的速度前行。

我经常有这样的体会：当读完一本书，发现了教育教学中的一个问题，正好与自己的所得、所想有些关系，尤其是产生了在实际中解决问题的观念、思维与方案，甚至还会发生若干美好的想象，正是自己感觉最快乐的时候。

一个愿意推进学校教师阅读的局长曾经告诉我他的苦衷，说是校长和教师都不读书让他很烦恼。我告诉这个局长应该从三个方面去改进：一是需要好的机制和方式；二是需要持续性推动；三是需要有成果产品意识。在推动读书时，这三方面需要同时跟进。有的人很爱读书，与人交流起来，天马行空，观点频出，但是不会把自己的所谈写出来。这是很多推动读书活动坚持不下来、无疾而终的主要原因。我推动读书活动时是把写作作为重点，以此倒推阅读的。

我希望大家能够用60%的时间阅读，用40%的时间写作。如果突破了写作这一障碍，读书就会变成自然而然的事了，会很容易成为自己每日的必须活动。写的时候要有分享发表，甚至出版的决心，这并不是说每个人一定能够做到每篇文章都发表，更不是说一定能结集出版，而是希望大家在写作的时候都能够抱着一颗这样的心。只有这样，才能让你的决心足够充分，认真把事情做好。研究、读书和写作三者是不同的，但是三位一体，没有一个可以偏废。

2024年4月21日，第十一届读书研讨会在北京召开，2024年商务印书馆“读者开放日”开幕式暨中国教育报2023年度推动读书十大人物交流会顺利举行。商务印书馆执行董事、党委书记顾青在开幕式致辞中也有相似观点。他认为，深度阅读着眼于五个方面：第一，提倡经典阅读，经典是人类知识生产的精华所在，人类的进步就是依托这些知识精华；第二，提倡完整阅读，每部经典都有自己的思维体系和方法，对体系和方法的掌握比结论更重要；第三，提倡问题阅读，“师者，所以传道受业解惑也”，带着问题阅读，带着思考阅读，这才是最好的阅读方式；第四，提倡动笔阅读，深度阅读需要归纳图书精华，把自己的思考、心得写下来；第五，提倡自主阅读，主动找书读书，按照兴趣、按照需要去读，日积月累，这才是正常的阅读生活。

明白了这些道理，有助于克服诸如拖延、被动、畏惧等方面的心理障碍。不可一直做准备，而总是不行动。下个决心，关掉手机，找一个房间，泡上一杯茶，不完成不休息，也许奇迹就会诞生了。每周都有这么一次行动，平时做到每天阅读一点点，把稍纵即逝的想法记录下来，不求多大、多多、多高的成果，日积月累，自然会有厚积薄发的那一天，然后有胆量与大家分享，学以致用。这就克服了自己一生总是在打转，一事无成的成长困局。

每个人都可以创建一所专属自己的“成长大学”，完全自己做主，自己做校长，自己做教师，自己做学生，设计自己的专业，学到什么学位无限制，学到多大年龄都可以，这是多么美好的成长机遇。成长永远是进行时。

形成自己的竞争壁垒和护城河

有一位工作七八年的教师，问了我一个问题，她说:“李老师，您曾经在多所学校工作过，您是用什么方法迅速适应新环境的?”我知道，这位教师目前被调往第三所学校工作，我知道她遇到了困惑，尤其是人际关系方面的问题。

我没有直接回答她的问题，而是打了个比方。在浩瀚的宇宙里，地球绕着太阳不停地公转，还有其他行星也在绕着太阳不停地公转，它们之间有着必然的关系。这些行星还要不停地进行自转。而一所学校的环境、关系和运行如同太阳系，学校里的每一个人就如同太阳系里的每一颗行星。也就是说，一个人既要不停地公转，同时要不停地自转。公转如同敬畏学校的管理、遵守各项规章制度、遵循教育规律一般，自转则如同自己的学习、研究、创造一般。我告诉她，切记在公转的同时，不要忽视自转，即自己的专业成长，甚至是生命成长。

这让我想起一篇题目为“个人如何形成自己的竞争壁垒和护城河”的文章。根据文章内容和观点，我是这样认为的：这位教师应该通过读书、研究、培训、实践等方式逐渐形成自己的个人竞争壁垒，在某方面具有独特的优势，在同领域的竞争者中具有更高的竞争力。同时，逐步发现或生成自己的护城河，让自己拥有他人没有的稀缺资源，使得竞争对手难以模仿或者替代。一名卓越的教师，既要有个人优势，更要有保护这些优势不被侵蚀的手段和积累。

竞争壁垒和护城河靠的就是我说的个人的自转。文中提出如下建议:

要想形成自己的竞争壁垒，首先需要找准自己的定位。一个人要想在职场、社交或者其他领域取得成功，必须有自己的特长和优势。通过不断地学习和实践，提高自己的专业技能和综合素质，从而在同行中脱颖而出，形成自己独特的竞争优势。

其次，要不断拓展自己的知识领域。一个人的知识储备越丰富，其竞争壁垒就越高。在当今这个知识爆炸的时代，我们要善于利用各种渠道获取信息，提升自己的知识水平和思维能力。此外，还要学会跨界思考，用多元化的视角看待问题，这样才能在竞争中拥有更多的机会和资源。

再次，要建立自己的人际关系网络。人脉是一个人在社会中发展的重要护城河。通过与他人建立良好的关系，可以为自己创造更多的机会和资源。同时，善于与人沟通、合作也是一种不可或缺的能力，能够帮助我们在竞争中取得更好的成绩。

最后，树立自己的品牌形象。一个良好的个人形象，可以为我们在职场或者社交中赢得更多的信任和好感。通过展示自己的才华、能力和性格特点，塑造出一个独特且吸引人的形象，从而在众多竞争者中脱颖而出。

我把文章推荐给这位教师，里面的观点不一定完全适合教育领域的一线教师，毕竟教育与企业是有不同规律和具体情境的。但是有些道理是一样的，应该会对这位教师有一些启发。

日本著名教育家大村滨在其论著《教学这件事：感动几代人的教师专业成长指南》中关于“用专业思维看问题”的观点和做法值得我们学习。

当老师的人很难在上班和下班之间自由切换身份，下班后也总会情不自禁地去想孩子的事、教材的事。虽然上课时我们有教科书可用，但是活教材是需要老师根据孩子的具体情况去寻找发现的。即便是两篇有关联的文章或作品，如果老师不能将二者合理地联系起来，它们就成不了教材。每位老师都应该带着这种意识，时刻关注与孩子有关的话题和教材。这也是一种老师的自我培训。时刻惦记着要收集题材，不停地寻找合适的教材——这不正是热衷教学的一种表现吗？热情这种东西，我们很难简单地说出它具体表现在什么地方，也很难轻易地看出一个人对某件事究竟有没有热情。判断一个老师对工作是否热情，不仅要看他在课堂上的表现，还要看他课堂外是否用心。好教材必须是老师用专业的思维、通过认真的研究才能发现的。

各种数据在普通人眼里不过是单纯的数字而已，但实业家却能从中想到各种各样的策略。所谓的专业，就是能将普通人眼中稀松平常的事物与自己的工作关联起来，并从中萌生出新的创意。而这些稀松平常的事物可以是任何东西，比如广告、数字、画、杂志封面等。

从专业的角度，用专业的思维去做生活中的有心人。郊游时要努力捕捉独特新颖的话题，读报时要用心寻找合适的题材，这不正是教师应有的工作热情吗？我认为这才是教师的职业精神。

其实在我的教学生涯里，也曾经这样过。我相信，大多数负责任、有担当的教师都会在自己的教学实践中自觉或不自觉地这样做。就如大村滨老师所说，“这才是教师的职业精神”。

记得20世纪90年代初，我就为了扩大学生的英语阅读量，找一些与课本话题有关的阅读素材，从一些英文报纸、英语杂志，甚至是各地的英语试题中寻找。当时学校没有电脑，我就用剪刀把选中的素材剪下来，用糨糊粘贴在一张大白纸上，拿到学校油印室印刷。有时无法裁剪，我就用铁笔、钢板在油印纸上一个单词一个单词地刻写，然后再去学校油印室印刷。

这些做法，这种精神，是教师个人自转最重要的方法与能量。有了这些默默无闻、脚踏实地的做法，再加上不断地学习、实践、研究，拓展知识领域，培植专业素养，建立和谐人际关系，以及树立个人风格形象和成果品牌，就会在激烈的竞争中形成自己的竞争壁垒和护城河。

只有这样，我们才能适应不断变换的环境，在竞争中取得优势，实现自己的价值，更好地教书育人。

学会投资正向的情绪价值

2012年底，已经25岁的儿子说起了小时候我对他管理不当的问题，造成了他现在脾气易暴怒、与人交流时强词夺理的性格，指出我那时不该对他的一点错误行为（现在想想还真不算是错误）就采取“吼叫式”管教，不该因为一件他拒不承认的事情（这件事情也许真的是我错怪了孩子）就对他大打出手。

其实，我反思自己以前管教孩子的方式，不知忏悔过多少次，只是不方便向自己的孩子承认而已。那时带着自己所谓的对孩子的未来期待、成长标准，带着与孩子互动中积累起来的情绪，借孩子的行动缓慢、达不到要求、拒绝与抵抗，而直接采取自认为为孩子好的措施，规训孩子认同就范，现在想起来，当时的自己是多么地愚蠢。孩子说得没错，他的心灵受到了创伤，影响了他的学习与生活。我对爱人说，幸亏孩子向我们说出来了，如果一直埋藏在心里，那将是多么地可怕。

现在我明白了“吼叫”的危害，它不仅在当时对孩子造成了恐惧与困惑，更给孩子未来的学习发展设置了很多无形的障碍。田宏杰老师在文章《父母不吼不叫也能教好孩子》(《人民教育》2022年第24期）中认为:“随着孩子长大，父母在调节孩子行为时对待他的方式会逐渐内化成为孩子自我管理时对待自己的方式。父母如果总是采用吼叫和苛责的方式，不能对孩子温柔以待，不能有力地帮助孩子寻找有效的方法进行行为调节，那么孩子长大后也难以对自己温柔，难以有力地寻找有效的方法，当他出现问题时，他会在头脑中对自己吼叫和苛责，从而导致自我管理失败，形成心理内耗。”

孩子进入高中后，因为高考复习的压力，晚上经常失眠，甚至头顶上都掉了一片头发，我意识到这是我在他小时候给他的不正当管教方式造成的后果。我从那时开始，就努力学习尽量保持沉默，小声说话，用温柔而坚定的陪伴方式帮助孩子调适心理和精神状态，理解孩子的需求，宽容孩子的发泄，与爱人一起合作引导孩子解决自己遇到的困境。

在公众号“洞见”中，读到一篇文章《情绪价值，是一个家庭最好的资源》，里面的观点让我很受启发：

在一个家中，是否拥有正向情绪价值，很大程度上影响着这个家庭的未来。一个家最好的资源就是情绪价值。一个充满正能量的家，即使日子再苦再难，也会像一个小太阳，始终散发光和热，温暖着每一位成员。

在一个家里，父母的情绪影响着孩子的一生。父母的好情绪，才是孩子成长最好的土壤。在暴躁易怒的家庭中长大的孩子，往往懦弱卑微，甚至性格扭曲。享受温馨氛围的孩子，则自信阳光，父母的认可会让孩子越来越出色。

情绪价值，是一个家庭最有远见的投资。不幸的家庭，都有一个差评师，而幸福的家庭里，成员都是彼此的点赞师。家人暖心的支持，是我们疲惫时的治愈，也是困顿时继续前行的底气。

文章中的这些观点，直抵我的内心，让我越发后悔不已，感觉自己对不起孩子。作为一名教师，我曾经连续做班主任多年，在刚开始的教职生涯中，对待学生，自然也没有避免我的“吼叫”教育方式。例如，因某一个学生的问题，我惩罚过全体学生；某个学生迟到了，我曾罚他站一节课；当发现男生女生交往过于频繁时，我误以为“早恋”，武断地批评他们；同学之间闹矛盾，我不分青红皂白全都训斥一顿；有时我偏爱某个学生，却忽略了其他学生；我对犯错误的学生管理过于严格，没有给学生自己改过的机会；对学生说班级管理要民主平等，但我往往独断专行；为了完成学校布置的某些任务，我对学生做出了超出他们承受力的要求；等等。

当学生来看我时，我总是怯怯地问：“我当初是不是伤害到你们了？我教育你们的方式有些粗暴。”学生回答：“我们早就忘了，还得感谢您对我们管教严格，才有我们的今天。”虽然学生是这样说的，但是当我回忆起当时的教育场景，真的感到很汗颜。我没有运用好自己的情绪，只把目标定位在为学生好，却忽略了按照学生心灵成长的规律施教，忽略了通过尊重学生的情绪需求进行管理。

如今反思以前对待孩子与学生的不当言行，我想给年轻的教师提个建议，我们要学会运用并充分发挥情绪的价值。急事，慢慢地说；大事，清楚地说；小事，幽默地说；没把握的事，谨慎地说；没发生的事，不要胡说；做不到的事，别乱说；伤害人的事，不能说；讨厌的事，对事不对人地说；开心的事，看场合说。这种方式会潜移默化地传递给对方良好的情绪，让对方也不知不觉地学会合适的交流方式。

《精神健康讲记：一个中医眼中的心身调适与精神发展》一书的作者李辛认为：儿童的种种心身障碍、人际交往与学习困难，改善的钥匙就在孩子与外在环境、人事物的交互作用中。

在成年人眼里重复而没有逻辑与秩序的过程中，孩子的内在正在进行身与心、感觉与直觉、情感表达与身体动作的统合，同时也在进行内部世界与外在世界的协调化调试。这个阶段，提供相对稳定、安静的外部环境，给予基本照顾陪伴而不打扰孩子是很重要的。

思路清晰的父母或者有思考力的老师，都有自己的中心，会耐心地去观察，加上经验和内在的直觉，会解读到很多可能性：这个大孩子的行为异常，或许只是一种反叛或不成功的彰显自我；那个小孩子注意力不集中、不合群，或许是因为体质不良、能量内缩，也有可能是因为父母过于追求外在的标准，或者严厉而且不耐烦，只有物质付出而缺乏内在关爱，导致能量干涸……

韩国一位融合中西教学的“明星级妈妈”张炳惠的著作《好孩子的成功来自妈妈 1% 的改变》，一上市就登上了韩国畅销书排行榜冠军的位置。

张炳惠是三个华裔孩子的继母，在她的言传身教下，三个孩子分别进入哈佛、耶鲁大学，成为社会出类拔萃的精英，包括曾被认定有学习障碍的二儿子彼得。张炳惠博士说，能够带领孩子迈向成功的彼岸，得益于从日常生活中养成的影响他们一生的九种基本能力。这九种能力分别是：接受失败的能力、哲学式的思考能力、感知幸福的能力、领导能力（成为领导的首要条件是有一颗为他人着想的心）、阅读能力（培养可以洞察世界的眼光）、交流能力、英语语言能力、经济能力、自制力。

张炳惠博士认为，这九大能力的培养，关键在妈妈身上。张炳惠提醒为人父母者，应暂时将焦点从关注孩子成绩或名次问题上，回归到自己本身，好好思考身为父母的自己能为孩子做些什么，好孩子的成功来自妈妈 1% 的改变。

这 1% 的改变，其实是需要父母和老师的修身意识与觉察能力的。父母或老师的意识是清晰而稳定的，这意味着在思想、语言、行为和交流上都尽可能清晰而稳定，或者说他的生活是有意识的，能够管理好自己的情绪，时刻反思自己的言行，而不是无意识的、被动的、条件反射的。成人需要做到表里如一，真实诚明。否则，会导致孩子认识外在世界的内部程序发生冲突。这种冲突是孩子产生痛苦的根源。

学生对我的宽容让我常怀感恩，在与学生交往时，我越来越用心，这让我的内心安定了很多。其实，是学生一些真实的表现与高贵的心灵时刻在警醒着我。学生真的需要一种尊重与自由，去对自己的生命有所选择，去发现自己一生真正喜爱的事业，也就是他乐此不疲的志趣。而心灵庸俗的教育者是没有勇气、机会和灵性来理解和解读学生的生命需求密码的。

我必须时常清空自己的内心，只有如此，才能接收那些错误。不是学生错了，是我错误地处理了学生的错误。我的生活准则应该是个性与精神的一致，道德与言行的和谐，内心与信念的融洽，情感与人格的并行。把知识、真理和规则化为自己的思想和见解，用自己不断学习收获的智慧，瞄准未来高远的目标，与自己志同道合的学生相互成为尊重者、支持者、学习者。

父母或老师与孩子交往的真相是：我们的幸福、我们的自由、我们的精神成长都会不可避免地、准确地在我们自己的孩子和学生身上表达出来。孩子是成年人的一面镜子，我们需要经常照照这面镜子，不要轻易地去侵犯孩子那颗极易受伤害的心灵。最需要教育的往往不是孩子，而恰恰是家长和老师。我们若是不能耐下心来，良善安静地与孩子和学生一起成长，便没有权利和资本来陪伴孩子、教育学生。

“为转化而学”带来的“飞轮效应”

在信息日益快速更迭、观念丰富生成的时代，摆在广大一线基层教师面前的是三类专业晋级难题，这三类难题制约着很多勤奋工作的教师的成长精进与突破：第一类是吸收信息过泛或过载，难以转化为自己实践的方法或改进的工具，知识与行动难以合一；第二类是教育实践的有效经验或策略难以转化为自己的原则或主张，经验与主张难以合一；第三类是所形成的独特主张或原创成果难以转化为进一步指导自己实践创新或引领他人有效探索的方案，成果与方案难以合一。

第一类难题往往存在于年轻职初教师队伍中，第二类难题往往出现于工作十年左右的教师队伍中，第三类难题往往出现于已经有一定经验的老教师队伍中。据我长期观察与体验，这三类难题也是导致教师职业倦怠的深层根源，因为如此会使教师难以有收获成功的喜悦，享受不到采摘劳动果实的充实。也就是说，教育不能给教师带来意义感和价值感。

我阅读吉姆·柯林斯与比尔·拉齐尔所著《卓越基因》一书，其中提到的“飞轮效应”给了我启发。书中写道：“我们的研究表明，企业在从优秀到卓越的转型中，没有单一起决定作用的创举，没有惊人的创新，没有幸运的突变，也没有奇迹的瞬间。相反，整个过程就像是在持续地推动一个巨大的、沉重的飞轮。你使劲地推动飞轮前进了 1 英寸，接着你继续推动飞轮，通过持续不断地努力，你的飞轮转动了完整的 1 圈；你不停地努力，飞轮转动得快了一些，2 圈……4 圈……8 圈……飞轮积累了动能……16 圈……32 圈……飞轮转得更快了……1000 圈……1 万圈……10 万圈……终于，企业在某个时刻实现了突破！于是飞轮就以不可阻挡的势能持续向前转动着。一旦完全理解了如何在你所处的特定环境中应用飞轮效应，并将遵循飞轮转动规律与自我创新相结合，你就能获得战略增长的力量。当你做出一系列明智决策并对其精准执行时，你的每一次行动都能汇集上一轮飞轮运转的动力。”

虽然书中介绍的“飞轮效应”是关于企业领域的，但是其中的道理对于一名需要精进的教师来说，同样适用。那么如何发挥好“飞轮效应”呢？我认为要抓住“转化”这个关键词。首先要懂得把在教育教学工作情境中遇到的机会有效转化，将劳动付出所收获的思考与经验化为清晰的、可操作的、可视化的实施路径。学会在最关键的事务上投入耐心和专注，即使是一些烦琐的事务、失败的探索、无助的思绪，都可转化为打磨、修炼自己技能和心性的机会。总有些教师说自己太忙，没有时间这样做（这句话是多数教师张口就说出的口头语）。可让人不可思议的是，说这话的教师可能正刷着短视频，可能正泡着电视剧，还可能正与朋友喝酒打牌。但是，却不舍得给自己留下时间去反思和调整。

比如，在听他人讲座时，要么不知道记录，任自己的思绪信马由缰；要么即使顾得上记录，却没有留下自己理性思考的文字，未能发挥“理性记录”对于改变自身、突破自我的功能。合适的做法应该是努力把现场他人的话语中透露出的有用资源“牵”出来，把这些有价值的信息迅速记录到笔记本上，如果这些资源能够激发自己的创造性思考，还能“牵”出自己储存在大脑中的东西，联想到自己的教学实践，变成今后具体的教育教学行为策略或操作方案，这就实现了“转化”。这种“转化”有助于还原教育现场，发现真实情境背后的价值，解决真正需要解决的问题，形成自己的有效成果。

曾经不少校长或干部问过我，怎么调动起老教师们的工作积极性，引导他们也能进行创新变革？程红兵校长在其文章《什么是理想的教师？》一文中的四个观点，可以作为这个问题的答案：理想的教师是一个学习力超群的人；理想的教师是教师中善于深刻反思的人；理想的教师是教师中出类拔萃的研究者；理想的教师是勇于探索、勇于尝试的创造者。做到这四点，我相信没有哪个教师当年龄变大了，会产生职业倦怠，缺乏积极性和创造力。

文中说到对教师教育教学行为的真实性、可行性或者说合理性的反思：“考察分析自身的教育教学主张在实践上真实程度如何，在什么情况下才会真的这样；自己的教育教学主张是否可行，可行与不可行的条件和根据怎么样。真实性是可行性的前提，可行性是真实性的验证。对教育教学行为有效性的反思，就是考察、追究其作用、影响、价值或意义，分析其预期效果、潜在意义。即：如果这种主张、这种教育教学方式成立且可行，意味着什么，会引起什么结果，会产生什么连锁反应。”

程红兵校长说：“他们（理想的教师）不仅仅局限在就事论事的反思上，他们在深刻反思的基础上会做更深层次的教育教学研究，他们的研究是在理论指导下的用一定科学研究方法的专业化的研究。他们研究课堂，不再是局限在一堂课的描述性评价，不再局限在对所谓课堂教学模式的盲目追捧上，他们研究课堂不会停留在泛泛而谈的层面上，而是对课堂做更加具体的分解，对课堂要素做更加精准的提炼，对课堂要素之间的关系做更加微观的分析，对课堂结构做更加科学化的研究。他们会对课堂做哲学意义上的追问，他们不仅仅停留在高效课堂、翻转课堂的技术层面上的探讨，他们更着重于探索课堂的文化含量、课堂的思想含量，他们有更多价值层面上的追求。”

我认为，这是在反思中、研究中进行“转化”的一些策略，程红兵校长的观点为我们提供了“转化”的有效思路。如此思考看似费时费力，但当教师真正沉浸其中，学会反思、研究和“转化”，找到创造的突破口时，就能收获专业成长给自己带来的自我获得感和价值感，这样才能实现教师成为研究者的目标，而这些又必须建立在教师强有力的学习基础上。对于上文所说的老教师，我们可以帮助他们做好这些事情，当他们意识到或看到了自己多年的实践转化为风格或成果时，他们会很惊喜，原来自己以前做得那么好，那么有意义、有价值，从而再次焕发他们积极主动继续前行和变革的本能欲望。

于洁老师在《致青年教师的信》一书中有一段话，给我更深远的启迪。她说：“为什么我说教育是渡人渡己？是因为教书 29 年来，我学会了一种最适合自己的教育心态：努力地去帮助学生，这是渡人。不苛求自己能够改变所有的学生，只是去尽力而为直到我无力再为，然后我释然，放过了自己。这是渡己。”这是一种人的内在的“转化”。

梁漱溟在《人生的意义》一文中有一段话，可以说给我醍醐灌顶的提醒，让我的人生有了深刻的醒悟，给我提供了更宽视野的“转化”思维：一个人，不仅仅需要外在的知识、原则、方法、技能等的转化，还需要同时进行内在的思想、心灵、修养、品质等的转化。文中说：“创造有两方面，一是表现于外面的，如灵渠便是一种很显著的创造。他如写字作画，政治事功，种种也是同样的创造。这方面的创造，我们可借用古人的话来名之为‘成物’。还有一种是外面不大容易看得出来的，在一个人生命上的创造。比如一个人的明白通达或一个人的德性，其创造不表现在外面事物，而在本身生命。这一面的创造，我们也可以用古人的话来名它，名之为‘成己’。换言之，有的人是在外成就的多，有的人在内成就的多。在内的成就如通达、灵巧、正大、光明、勇敢，等等，说之不尽。但细讲起来，成物者，同时亦成己。如一本学术著作是成物，学问家的自身的智力学问即是成己；政治家的功业是成物，政治家的自身本领人格又是成己了。反之成己者同时亦成物。如一德性涵养好的人是成己，而其待人接物行事亦莫非成物。又一开明通达的人是成己，而其一句话说出来，无不明白透亮，正是成物了。”

一所新建的学校，在还没有教师队伍和学生的背景下，校长带领由八个人构成的创建者团队，一起学习新课程标准、国家方针政策，研究当地文化，进行学校理念的凝练，制订发展规划和课程方案，组织学习并研发创新的教学设计方案，准备按照国家课程标准，遵循教育规律，进行科学的管理改进。但是他们提出一个困境：周边学校仍然在采取“时间战术”和“题海战术”的方式进行教育教学管理，担心自己不这样做，老师是否能接受，教学质量是否会得到保障。我告诉他们：如果还像周边学校那样，还是你们想要的新学校的样子吗？你们如此努力地学习、研究还有用吗？

我感受到他们内心“追求变革的力量”还在与“追求保守的力量”进行博弈。我真的希望他们实事求是地看清现实，难道我们还要让新学校的孩子们做作业到深夜吗？还要让新学校的孩子们只关注分数而得不到志趣发展吗？到底需不需要改革（其实这真的算不上改革，而是遵循规律而为），需要进行理性思考，把所想、所学进行创造性的“转化”，“转化”到有效且科学的教育运行轨道上。不断地思考、反复地分析，寻找最佳突破口，办好一所真正有品质的学校。

本文我引用了几个名人的观点，旨在给大家启发，明白“转化”的重要意义，知道“转化”的可行路径，给大家“转化”的信心。放下自我，拥抱世界，很多好的资源都能成为自己的一部分，化为自己所用，通过学习逐渐形成有自己主张的教育教学理念，开启创新或变革之路。

把关注的焦点放在“转化之后的成长”或“转化之后的创造”上，过程中获得充实感、成就感，就会看到一个个希望。恒久发力，不断积累，注重全局，脚踏实地，“飞轮效应”迟早会发生。

教师是知识的生产者

经常听到一线中小学教师有如下声音:“我们缺少理论。”“我们需要专家指导。”“我们不会提升。”“我们不会写作。”……据此现象，2015 年我曾在中国教育报刊社蒲公英评论网发表过一篇文章，提出了“学会生产知识，教师才能成为创造教育的人”的观点。

在现实学校教育场景中，教师应该是有知识的，尤其是他的教育管理与课堂教学知识，应是无穷无尽的。但是在每天忙碌的中小学教师中，有多少人会意识到这是自己的知识，认识到自己知识的价值呢？他们头脑里储存着一个固化的观念：知识由专家们来生产，自己只是消费知识而已。这个观念感染性极强，并且具备“遗传”功能。一代代教师会约定俗成地认为，这是正确的、应当的。

于是，很多教师并没有去主动重视、积累、管理自己的教育教学知识和智慧，有了这种认识，便失去了应有的底气，产生了自馁情绪，不具备成长型思维特征，不再视读书、学习和研究为自己成长的主体通道。甚至，不少教师只是期待专家解读、领导推介自己的实践经验，等待他人加持的心情掩盖了对属于自己的那份独特精神财富的敬畏。产生这种现象的原因，大多是我们的教师总是在浩瀚的教育海洋中漫无目的地漂荡，始终没有一种抬头仰望星空的意识，缺乏在某一领域达到艺术境界的欲望和形成自己独特理论体系的志向。

“教师不具有自己的知识”，我对这一说法不敢苟同。北京大学教育学院陈向明教授在《教师如何创生自己独特的知识》一文中有如下的观点（摘编）:

• 教师所拥有的本体性知识即学科知识，应该等同于学科专家的知识，教师所拥有的条件性知识即学科教学法知识，类似于教育学、心理学、学科教学法专家的知识……实践证明，教师通过对自己教育教学经验的反思和提炼所形成的对教育教学的认识，就是一种独特的知识结构。这种知识的涵盖面很广，可以包括教师的教育信念、自我知识、人际知识、情境知识、策略性知识、批判反思知识等。它不仅包含教师在实践中形成的自己个性化的教学机智和教学风格，也包含教师对学科本体性知识和教育条件性知识的创造性应用。因此，在这个意义上，教师的实践性知识并不缺乏"理论"成分。教师的实践性知识在结构上至少应该具备四个要素：一是主体，即行动者，实践性知识的拥有者是教师；二是问题情境，教师必须面临一个令其困惑的、有待解决的问题；三是在行动中反思，教师必须采取行动来解决这个问题，形成一个"经验"；四是信念，实践性知识虽然蕴含在这个整体的"经验"中，但可以被提升为一种信念，通过教师的后续行动被验证，并指导教师的后续行动。

•"没有两个教学情境是完全相同的"，这才是教师在教学过程中面临的真实状况！正因为面对如此复杂的教育教学情境，包括教师必须面对不同年龄性别、不同认知特点、不同家庭出身的学生群体，面对不同教学内容、教学条件、教育设施构成的教育环境，以及不同教育目标、家庭期待和群体认同构成的社会期待，教师工作的成效不仅取决于他们是否已经掌握了人类已有的学科知识，即掌握了他们所教的知识（what to teach)；教师工作的成效也不仅决定于他们是否在教学过程中运用了人类已发现的教育学、心理学主张，即关于如何教的知识（how to teach)；教师的工作成效，更需要每位教师对每个学生及时做出的专业判断与合理处置、对每个教育环境做出的专业判断与尽可能的优化。而在教师专业判断和干预的背后，就是教师在行动过程中的研究发现和知识构建。正是在教师个人和集体的经验发现和知识建构基础上，教师才能完成对"文本课程"与"一般教学过程"的实践重构与专业实施。可以说，教师的知识构建生产水平，最终决定着教师教育教学工作的成效。因此，联合国教科文组织的结论是，"教师是知识生产者"，"没有教师，就没有对课程和教学的重新构想”。

• 教师可以在专业判断的基础上运用已有知识与工具去解决问题；而在许多问题面前，教师又必须先有解决问题的意愿，再对问题进行梳理分析，然后才能做出专业判断。有了对问题的判断，教师还要提出假设、做出方案、谨慎尝试、不断调整，直至教育教学问题的真正解决。这本身就是一个教师反思研究和知识生产的过程，这种过程也会不断累积成为教师的经验与知识。

• 不仅如此，教师还“始终是教育知识生产的主要创造者”。在人类希望教育干预的所有新兴领域、在人类需要将新的知识和观念传递给下一代的时候，都离不开教师的知识生产、创新实践和探索创造。例如，当“人类世”（anthropocene）转向“全新世”（holocene）的时候、当人类亟须与自然和谐共生的时候，政府和专家知道“应该教”（should to teach），于是“环境气候”问题就列入了大中小学课程。然而，政府和专家其实对“环境气候”问题应该“如何教”（how to teach）也并无十足的把握，因为他们并不具备如何教“环境”的知识。于是，如何教“环境气候”、如何培养学生的环境意识、如何让学生经过师生互动的教学过程建构起人类自身与自然环境的新型关系，就成为教师探索、发现、生产环境教育新知识的过程。也许有一天，我们会看到一位或者若干专家“创设”了一套令人赞叹，甚至放之四海皆准的环境教育模型，那也一定不要忘记，专家虽然一定经过周密的思考、高度的提炼、精心的建构，做出了巨大的知识生产贡献，但是他们中的大多数都离不开教师最初的探索、实践和发现，教师们提供着最初的尝试、可靠的证据、零星的经验、改善教学的实践知识、触发系统建构灵感的模型的雏形，验证着环境教育模型的有效性、因地制宜地修整完善模型。而教师的这一切行动，对教育知识的生产又极为可贵、不可或缺。

可以说，每个教师的零星发现和微小创新都犹如聚沙成塔、滴水成河一般，为系统和宏大知识体系的扩展注入养分与要素，有时也经过提炼和转化，成为学校教育管理，甚至成为各级政府的倡导建议与文献内容。

“教师是知识生产者”，这一全新认知的出现已具有历史条件。今天的教师，大多都接受过高等教育，接受过如何研究的初步专业训练。这就为教师突破照本宣科的局限、开展教育教学研究、善于发现和勇于解决教育问题、反思自身经验、构建专业知识奠定了坚实的专业基础。

联合国还告诫国际社会，“一旦教师被视为反思性实践者和知识生产者，教师就将在自己的专业范围内外促进知识体系的不断扩展，而知识体系的不断扩展，正是改革教育环境、政策、研究和实践所需要的”。正如联合国秘书长古特雷斯所言：教师应成为变革的推动者！

教育行政部门、高校和研究机构都应该珍惜中小学教师（过去默默无闻群组）的话语权，尊重“基层首创精神”，支持教师的知识生产，支持教师的自主权，支持教师在课堂教学之外，把他们的职能延展到学校事务、社会生活和人类共同利益的诸多公共空间，让他们的知识合法地进入学术层面，能够被表达、被系统化、被深入挖掘，从而继续被教师群体传承和发展。

作为一线教育者，我们更应该转变观念，理直气壮地担起知识生产者的责任。这样的教师队伍，才是教育成熟的最重要标志。

PART 4

第四辑

做个研究型卓越教师

导语

在这个瞬息万变的时代，教师们面临着诸多挑战。一些教师发现现在的学生难以教导，家长难以沟通，而持续的教育和课堂改革让他们感到无所适从。然而，变化是宇宙的常态，我们应该如何以不变应万变？答案在于坚持不懈地学习和自我提升，研究变化的事物，发现规律，掌握发展趋势，从而保持冷静和自信。

自我提升的途径多种多样，其中就包括进行自我培训和学习研究。研究并不是专家的专利，教师如果想适应发展的变化，从复杂的环境中脱颖而出，获得职业的幸福感和成就感，就需要进行研究。研究如何创造属于自己和学生的课堂形式，如何开辟新的教学天地，如何形成有序、有法的课堂教学形态，如何打造真正有内涵的课堂，如何形成自己的教学主张。

朱熹有言："知之愈明，则行之愈笃；行之愈笃，则知之益明。"不用担心不知从何下手，不知道如何开展研究，其实，我们可以从身边的问题出发，专注于自己的课堂，聚焦真实的教学问题，随着不断地积累和实践，逐步完善、创新和提升，就可以形成个人的优势领域和教育品牌。将自己的教学成果应用于教学改革实践，这本身就是一条有力的实践研究的专业路径。

也不用担心自己没有研究的实力。只要持续学习、阅读和写作，紧跟教学研究的前沿，不断提升专业技能，将所学知识、阅读获得的能量、实践的经验和反思与写作紧密结合，自觉参与行动研究，你就能成为研究型的卓越教师。成长就是研究，研究就是成长，我们要将研究融入到自己的生命成长中。

创造属于自己与学生的课堂

课堂是教师教学生活的主要阵地，也是教师实践研究的主要领域。一名一线教师在工作几年后是否形成自己的教学风格，是否有自己的教学特色，是否探索形成既属于自己又属于学生的课堂形态，是检验他是否真正成为一位合格的成熟型、研究型教师的标准。

因为我的学习意识比较强，用不同的方式向身边和全国各地的优秀教师借鉴了很多教学经验和教学方法，所以我在入职六年教了两轮学生后，就逐步形成了自己的教学风格。我的教学逐步摆脱了教师独霸课堂、控制课堂，教师是唯一的知识权威的僵化局面。我认为，学习应该是学生自己的事情，应该把学习的权利还给学生，让学生在自主、合作、探究、体验中学习。课堂的组织形式应该由师生两个维度，过渡到师生、生生、人与文本等多元维度，开展合作学习、面向个体的学习。

我所执教的英语学科教学，其主要特点是以师生、生生以及人与文本对话的过程为主，为了让这种教学理念真正落实到课堂教学中，在我的英语课堂上，我创新出一种提升对话品质的教学策略。当然这个阶段还上升不到构建自己的教学主张。我的具体做法是：

一是基于课程标准整体设计对话教学，再造课堂流程展开对话。课程标准限定的是学生的学习结果，基于课程标准的对话教学设计，就是教师根据课程标准对学生规定的对话结果来确定教学目标、明确评价方案、设计对话活动，整体地思考课程标准、教材、教学与评价的一致性。

我在对话教学的备课中，打破了传统的课堂教学流程，把课堂按照对话内容、功能和特点进行流程再造。新的课堂流程共分五个环节：目标定向——师生共同明确对话和探究方向，确定核心问题及对话话题；学生先学——学生根据教师提供的对话材料进行生本对话，为合作对话做准备；合作对话——在班级内形成小组内部、小组之间、生生之间、师生之间的广泛多向对话，满足不同层次学生的学习诉求；点拨拓展——教师依据合作对话情形，根据学生展示效果，适时点拨、梳理和引导，师生展开深度对话；反馈评价——对课堂教学效果进行反馈与评价，对学习成果和对话过程予以精当点评。

为了使课堂对话更加高效，实现对学生课堂互动的可控，我开发了与课堂流程相一致的学与教的载体："课堂学习指导纲要"。"纲要"明线是学生学习的流程，暗线则是教师教学的流程，以此引导学生发现问题、呈现问题，然后在课堂上讨论交流、合作对话。内容不仅有适合学生操作的"学习目标"，而且提供了根据课程标准和学生学习实际而设计的对话文本、对话方法和形式等。

这样，整堂课的活动不再是按照教材顺序展开，而是根据对课程标准、教材、教学与评价的思考，以及对学与教的过程、课前自主学习与课后巩固的思考，整体地进行了一体性设计。师生不囿于教材，根据课堂流程自由展开对话，这样学生不仅能够建立新旧知识之间的联系，而且能够随机产生灵感，进行生命的相遇，生成精彩且充满智慧的课堂对话。

二是把对话导入到现实生活，以艺术形式和手段实现对话创生功能。英语学习的普遍规律大体上可以概括为：由原结构到新结构、由单模式到复模式、由接受到表达、由模仿到创造。英语作为一种语言，来自生活，必须还原于生活。英语学习是艺术性活动，艺术是生活的结晶。因为语言的学习、发展及运用，既具有艺术的所有基本特征，例如创造、美感、节奏、灵感等，又包括在英语学习中各种专门艺术形式和手段的运用，如英语游戏、英语歌曲、英文诗歌、英语图画、英语情景剧等，其内容都与学习者的思想、感情、修养等相关联，能够与学习者产生情感的共鸣。

因此，我经常把这些英语学习的艺术形式和手段作为设计对话的载体，努力创设情境，把文本知识与现实生活对接，模仿和再现英语文化语境，由生硬的、枯燥的文本导向鲜活的、生动的生活。这样，学习者就很容易进入真实的、自然的、自由的语言对话之中，进入艺术再创造的角色，在不知不觉中掌握英语知识。

除了灵活运用多种英语艺术形式和手段之外，我还把表演情景剧作为提升英语对话品质的主要项目。我鼓励、指导学生根据教材内容或根据课外阅读文本选择剧本自行进行编排，布置简易的场景，准备简单的道具，设计富有表现力的动作和旁白加以表演。有时在课堂上表演，有时走出教室，到校园里、操场上、草地上去表演。

这种形式的对话教学，同样打破了教材的编排顺序和内容，根据需要重新寻找和创新对话形式与内容，给学生提供了较大的自主活动空间和想象余地。这种教学形式既激发了学生主动说英语的积极性，开阔了视野，增长了见识，了解了英语国家的风土人情、人文历史、社会文化，又有利于学生灵活运用学过的知识，发展学生的审美能力与合作精神，培养了学生良好的心理素质，对话品质也自然得到提升。

三是以“学习型共同体”为载体，捕捉生发资源，建构对话新意义。英语对话教学的误区是：一方面，教师认为对话即“谈话”，夸大了学生的自由，出现主题缺失的对话局面，忽视了对话的共生性，或者认为对话即“问答”，交流受到正确答案的限制，对话的思路受到阻塞，学生不能充分地表达自己的思想与观点；另一方面，对话过程中学生由于散落在课堂里，学生的集体共享思维过程缺失，课堂上缺乏科学的组织管理，有效的合作意识难以形成。

为了摆脱英语对话教学中的误区，追求高品质的对话，我学习运用了一种课堂组织形式：“学习型共同体”。它是按照教学相长的原则组建管理单位，教师在综合分析学生特点的基础上，将班级中的学生平均划分成相对平行的 10 个左右的单元合作学习小组，每个小组一般由四人组成，即 A、B、C、D 四个层次，每个学习小组就是一个“学习型共同体”，每个“学习型共同体”都有自己的组织文化，有自己的组织结构。

这就方便了对话的具体操作，英语对话教学中常见的师生对话、生生对话、生本对话，很容易地形成了一个以学生为核心的完整的网状对话结构，打破了传统教学中单一的师生对话以及合作学习中单一的生生对话，有利于最大限度地为学生提供对话合作的机会。

比如，实践课堂教学的五大环节中，“学生先学”环节就是实现生本对话的自由阵地，学生在这一环节里，根据第一步“目标定向”中师生设定的学习目标，在自主阅读文本的基础上，揣摩作者和编者的意图，进一步深化认识，为师生对话和生生对话提供对话素材与问题。教师在这一环节应指导学生在遵守文本的基础上进行联想，对其中的“不定点”进行生发。

“合作对话”环节主要是实现生生对话的场域，学生在这一环节里，以“学习型共同体”为基本单位，或在“共同体”内部两两对话、四人对话，或“共同体”之间展开对话。在对话的过程中，首次机会要让给水平稍差的学生，一人代表本组发言时如果有漏洞或不足，本组内其他成员可以及时补充。鼓励共同体内部的创新与生成，如果共同体某一成员有创建性发挥，就当堂为该“共同体”加分，并计入课堂评价档案，每周一汇总表彰。奖励不以个人为单位，而以“共同体”为单位，A 层学生与其他组 A 层学生比，B 层学生与其他组 B 层学生比，每个人都有赢得第一和获得表彰的可能。因此，学生们为了本“共同体”的荣誉都积极主动地参与到对话活动中来。

“点拨拓展”环节则是实现师生深度对话的主要空间，在这一环节里，教师充分发挥自己的水平，借助文化背景与生活经验，在与学生对话的过程中实现点拨、梳理和引导，对话的过程也是“头脑风暴”的过程。学生在这种情境里，思维容易被迅速激活，表达的欲望强烈，对话内容、情感、形式就会出现奇妙的智慧生成，就会促使对话自觉建构新的意义，课堂对话场面精彩纷呈，高潮迭起。

由于英语学习环境的缺乏，学生在学习语言知识时很容易出现错误，语言交际运用更会出现错误。因此，我把学生在对话中出现的错误当作一种难得的课程资源，纠错者与答错者同样赢得鼓励，这样就会加深他们对正确知识的理解和记忆，不但使学习变得有趣，而且学生的思维也得到了空前的调动。课堂对话中产生错误的时候，正是师生在课堂上对教材重新调整、生发学习资源的最佳时机，是提升对话品质必须高度重视的一个策略。

以“学习共同体”为载体的课堂，教师面对的不再是一个个的学生，而是一个个小团队，学生之间的对话也是以团队形式出现的，因为每个团队都有严密的组织原则，加上多元评价思想、以人为本思想、民主思想的渗透，课堂上的对话就实现了师生、生生的平等地位。和谐的师生、生生关系，激发了所有学生主动参与对话的愿望，每个人在欣赏和尊重中主动表达，在对话中提高了英语学习效果。

我认为，学生 80% 的时间是在课堂上度过的，如果教师的课堂不改变，学校的教育就不可能改变。所以，教师的成长应该首先体现于课堂，一名具有教育家精神的教师必须将课堂之于自己的重要意义放在第一位。教师只有用全身心地去创造属于自己且属于学生的课堂形态，才会创造出一片崭新的教学天地。许多同事和其他兄弟学校的教师听说了我的课堂形态后，纷纷走进我的教室听课，我也经常被其他学校邀请去上示范课。我的课堂也能够给他人带来启发了，这种意想不到的收获给我很大的成就感，也让我更有信心在自己的课堂里探索创新。这种有章可循、有法可依的课堂教学形态，为我以后教学主张的诞生以及引领教师团队进行教学变革做了基础性的铺垫。

中小学一线教师，大多在循规蹈矩地遵循上级业务部门和学校的规定动作，没有意识提炼自己多年的探索经验，形成自己的教学风格，继而形成自己的教学法或教学主张。其实，理想的教育，需要教师能够创立自己的教学法，构建自己的教学主张，即使普通教师，也应该如此。当普通教师能够创立自己的教学法，能够按照科学规范的程序，对自己的教学经验、教学主张进行提炼和加工，并进行理性的升华、理论的提升，也就象征着他已经步入成熟型和研究型教师的行列，因为由此他有了自己的成果和产品。

我比较心仪这种做法，力争在自己的教学实践中形成自己的风格和主张，不只是整体的教学观念，就是具体的教学行为，如听、说、读、写等，我都会努力形成自己的风格，构建自己的做法。比如，2014 年我在北京市育英学校执教初一英语时，针对北京学生的特点，从英语作为一门语言的习得规律出发，遵循语言的“进化、成长和文化”三大本原律，结合新课程改革理念，多年坚持进行“基于语言学习本体论的英语特色课程行动研究”。功夫不负有心人，我逐渐形成了自己的教学主张：一是以聆听为学习切入点，驱动学生英语自然习得；二是依据课程标准精神，研发真实的英语文化素材；三是开发英语学习工具，挖掘语言表达艺术。

我做校长期间，尤其注重引领教师走上这样的道路。我一直提倡教师要有自己的思想和个性，有自己的知识与做法，鼓励教师成为专家型的教师或教育家型的教师。我认为，未来深化教育教学改革，需要涌现更多具备教育家精神的教师，这些教师能够提出自己的教学主张并付诸实践。

你的主张，现在也可以说是你的理论，与你的课堂发生了关联，产生了影响，理论与实践相互作用、相互检验、相互印证。这样的主张、理论才是有价值的，让我们更有视野、眼光、能力和素养；这样的教师是真正有底气的教师；这样的课堂是真正有底蕴的课堂；这样的教育是真正有底色的教育。

构建起自己的知识体系

有一个朋友与我电话交流，说自己已经积累了不少案例，并且都有配套的课件，大约有 20 万字了，想整理出版一本书，但是感觉内容太凌乱，不知如何系统起来。

我告诉她，对于一名一线教师来说，在自己日常繁忙的工作之余，有如此丰富的积累，已经很了不起了。我建议她要逐步形成自己的知识体系，这样可以把这些碎片化的信息加以整合和重构，形成属于自己的独特的知识，以便更好地指导自己的行动。

其实，之所以感觉整理一本书稿很难，是因为自己的知识体系还没有凸显出来。想想自己擅长什么，喜欢什么，做了什么，需要什么，就很容易发现一个交汇的主题，这个主题就是自己构建知识体系的重要观念或概念。比如，我以前围绕学生繁重的"家庭作业"进行了改革，"家庭作业"就是那个主题，以后关于作业的政策、文件、论著、文章、案例，与作业有关的管理、课堂、课程、环境、文化、教师、家庭等信息，都会以这个主题为圆心被吸引到自己眼前，好奇地去阅读、思考、审视、研究、实践。

随着时间和精力的投入，知识体系逐步形成，然后把知识体系和实践相结合，打造成个人的优势领域，自己在此方面就成了一个较为明白且拥有权威的实践者。然后就有了继续深入研究的兴趣，积累的知识和方法越来越多，带动了教育教学其他诸多领域的探索，最终成就自己教育人生的品牌，还能帮助更多的人实现目标。我的研究主题"'零'作业下教学改革实践"在 2014 年获得首届基础教育国家级教学成果评选二等奖。

我还有“教育微创新”“做个自驱型教师”“全学习生态系统构建”等主题，这些都有属于我自己的知识体系。作为一名中小学一线教师，如何搭建知识体系呢？我认为可以把在阅读学习（渠道包括网站、公众号、书籍、公开课、讲座等）或实践行动中产生的感知、案例、故事、观点、经验等，能够模仿借鉴的方法步骤、解决方案，以及适用的法则原理等，通过“输入、分类、链接、抽象、检验”这五个步骤，寻找和确定好一个大概念或大观念来统摄，按照一定逻辑凝练提升，连接起来形成结构，并在实践中应用，从而构建起自己的某类知识体系。

其实，与我交流的教师已经具备“输入”这个步骤了，“分类”处在初步阶段。如果进一步按照这几个步骤进行下去，一本书很容易完成。当然，这不是一蹴而就的，而是反复循环不断叠加才能形成的。

也是在同一天，另一个朋友想晋升正高级职称，但缺少论著和发表的论文等需要的材料，问我怎么办，我反问他：“这么多年你都干啥了？没有一点积累吗？”回复的理由是每天太忙了。我知道这是不少人的借口。

我曾经读过《习惯力》一书的结束语，题目是“想象自己是一个 95 岁的人”。文中介绍了一个假想：作为一名 95 岁高龄的老人，快要离开这个世界了。在临终之前，上天突然赐给你一个机会，你可以回到过去，和一位即将读到这一页的人交谈，帮助这个人在工作中取得更大的成绩，并且过上更好的生活。你很清楚生活当中到底哪些是重要的，哪些是不重要的，这时你会向年轻的读者提出怎样的忠告呢？

其中一个反复出现的主题就是：“如果生命可以重来一次，我会认真思考生命，学会从当前的生活中找出幸福的意义。”第二个反复出现的主题是：“朋友和家人。”还有一个反复出现的主题是：“跟随你的梦想。”

答案永远都不是钱，人们真正在意的一直都是幸福、人际关系、追逐梦想和人生意义。想象自己是那个老人，再想想自己希望过的生活，你就会知道自己需要学会享受眼前的幸福，享受跟朋友和家人在一起的时间，并努力去追求自己的梦想。

想想看，你生命中的真正目标是什么？现在就动手去做吧，并不是只有那些宏大的梦想才值得去实现，那些小小的梦想也不例外。就算别人觉得你的梦想太荒诞或是出格，有什么关系呢？这并不是他们的生活，而是你的。有些梦想，这一生可能都无法接近，所以关键并不在于“我是否让自己的梦想变成现实”，而在于“我是否为之努力过了”。

这篇文章的假想给了我很大启发，对于普通的中小学教师而言，哪有什么宏大的梦想需要我们去实现？日常的琐碎的工作就是我们需要攻克的一个个任务，而为了完成这些任务所需要的智慧，其实就是我们的一个个小梦想。把自己的知识体系化，需要把这些小小的梦想化为智慧的结晶，不盲目地追求自己没有的东西，而是及时享受自己已经拥有的东西，就不会到了95岁才想到自己当初应该享受这些东西。在自己选定的狭窄领域里做到最好就可以了，其他一切都会变得不再那么重要。

但是，理解一件事情和具体做一件事情之间是有差距的。即使你认同我的理念，愿意开始将其付诸实践，事实也并非如此，主要原因不是不能理解，当回到办公室发现有好多工作等着自己要完成，当回到家发现有好多家务需要自己做，这个时候会很容易忘记自己的决定和初心。当然，还有中途遇到困惑、误解或困难的时候，便不能按照自己的规划和愿望进行下去了。

其实，这是“跟进”这一环节缺失了，影响了自己的改进与前进。我有个建议，邀请一个志同道合的同事或是能给你指导建议的师父，作为你的学习伙伴或学习教练，作为自己的同行者或督导者，自己也要不停地去问自己做得怎么样，做到什么程度了。跟进的策略可以把改进变成一个持续不断的过程，不仅是对你，而且对你身边所有参与到跟进活动中的人，都是一种促进。当你邀请其他人加入到你不断改进的过程中，你实际上就是在保证自己能够不断地进步。

2023年，华东师范大学出版社卢风保老师跟我约定，出版一本关于观察教师课堂的教学用书，给我一至两年的时间。这就是一次邀请，卢老师就是我的学习教练。于是，我每听完一名教师的课，如果有触动我的地方，我会撰写出一篇观课随笔，然后发给被听课的教师，以及整个学校的其他教师一起分享，接受大家的评判，这些教师就成了我的学习伙伴。

这种方式不断地督促我，要争取写好，要把教师的问题分析明白，提出的建议要中肯，特色要提炼精准。否则，会得不到教师们的认可，或者会误导教师的观念。这又督促我围绕这一主题，不断地读书学习，不断地研究优秀教师的课堂案例。一篇篇的文章写出来了，感觉自己的课堂教学知识开始逐步有了自己的逻辑：善于化“教”为“学”、精于设“思”成“品”、惯于驱“动”促“评”、长于驭“术”优“艺”、明于尊“律”寻“理”。从课堂教学所“秉持的观念、塑造的内涵、运行的办法、探寻的境界到遵循的原理”五个层级，构成了自己的又一个知识体系。

书稿初步完成以后，我继续围绕每篇文章的主题，选择与之内容相关的文章学习，吸收接纳其中的观点和论据，进一步完善每一篇文章。我会带着这些观念走进教师的课堂，验证这些观点的实用性，看看能否给教师更准确、更多的帮助。

这给我很大的享受，每天的阅读、学习、研究，与教师的交流、对话、磋商，让我感觉无比的幸福。我觉得，我的梦想就是这样的，我能够时刻实现它。这本书是《课堂高手是怎样炼成的——一位特级教师的教学观察与思考》，2024 年 1 月由华东师范大学出版社正式出版。

这是我对构建自己的知识体系的一点建议。我还是要强调，作为一名教师，学习任何一个领域的知识，如果想要有独特的见解，想要学得精深，是需要有自己的知识体系的。这会让自己的思维能力得到升级，会形成自己领域的方法论，搭建起自己的思想结构、精神结构，乃至整个生命的结构，从而不会偏听偏信，能从多个角度和情境，让自己更加专注于探索问题的本质，把实践和理论打通，让理论更好地反哺实践。

教学成果引领教学改革实践

与不少中小学教师交流，我捕捉到教师对学术研究这件事情普遍存在畏难情绪。有的教师认为学术研究离自己很远，是一件高不可攀的事情；有的教师认为中小学教师做学术研究对自己的成长与教学工作没有多大用处；甚至还有的教师认为，谁的成绩好，谁就是好教师，成绩好了，评先树优都优先，与其坐下来读书、做研究，还不如多做一些考试题。

下面这两种现象也干扰了中小学教师做研究的兴趣，误解了学术研究的意义与价值。一是一些油水分离，只有开始，没有过程，却有“结论”的课题研究，异化了一线教育研究的本意，认为搞研究是虚假的事情；二是论文发表与获奖事件的乱象。听听这位教师的言论：“我也想整理自己的教育思想，可整理出来有什么用呢？我想好了，等晋级用论文的时候，我就花钱买一篇。”此番话既揭露了学术上的不端现象，也表现出一线教师对学术研究的误解。

长期以来，一线教师通常认为自己处于知识生产和消费的流水线末端，知识由专家们来生产，而教师的任务只是消费知识而已。现实中的教师专业发展多注重利益的驱动，却忽略了生命意义的心灵引领，没有抓住教师发展的命脉。

一名完整的教师，不仅从事的是以知识和思想表达为呈现的精神活动——教学，同时也要进行知识和思想的生成与创造——学术研究。学术研究不是教学，但它和教学是密切联系的。

很多专家认为，教师是教育自由人，体现在三个方面，即主张自由、教学自由、学术自由。首先阐释一下教学自由，它是教师在教学活动中所表现出的一种专业自主，是发挥教师主体性的自由。教学要以千差万别的个体生命为中心，个体的差异性，决定了教学活动必须具有适切性与创造性。即便是对知识的教授，也是根据自己的理解和学生的实际情况进行再重组，再建构，再迁移。因此，教学自由是教师创造性教学的原本条件，是教师个性展现的引擎力量。

再说一下教师的学术自由。学术研究是教师生活走向抱朴求真的一种方式。我认为，教师应如同农民一样，要有自己的“责任田”。这块“责任田”就是自己发现的具体的研究领域。作为教师，在自己发现的“责任田”里，必须热爱学习，把读书当成自己终身的事业，通过与思想、学习和具体研究领域的相遇来改进教学。教师如果被引向某个领域，就会对他们的内在自身认同和不确定的外部世界有启发意义。在这个领域里，教师会很容易地找到自己所教学科的本质，发现自己的教学心灵，显现自我的教学勇气。

如是，我们追问中小学教师要不要做学术研究，要做怎样的学术研究，便有了现实的必要的意义。如果遵循以终为始的思维方式，以教学成果引领教学改革实践与创新，是很现实也是很有力度的一线教师做研究的专业路径。

教育部从 2014 年开始，启动全国基础教育教学成果的评选，各省也纷纷组织评选活动，但是多数一线教师却并不知道这件事情，更不懂得如何来做教学成果。下面我为大家做一下介绍，如果大家今后有意识和能力做一个自己的教学成果，那将是一件很幸福的事情。

首先解释清楚什么叫教学成果。教学成果是指反映教育教学规律，具有独创性、新颖性和实用性，对提高教学水平和教育质量、实现培养目标产生明显效果的教育教学方案。这一界定包含四个要点：独创、新颖、实用和方案。对此处的方案所形成的共识是：有目的、有计划、有组织、成系统且对“提高教学水平和教育质量、实现培养目标”产生明显效果的教学活动。其中，教学活动并不限于课堂教学或新课改；明显效果要求须用持续“两年以上”的实践来证明。成果多为持之以恒、长期探索的结果。很显然，教学成果不同于教研成果和教科研成果。其选题与特色聚焦改革重点难点问题，反映基础教育教学改革与实践探索的重要成果，其内容包括课程、教学、评价、资源建设等方面，可以是综合性的，也可以在某些方面有所侧重。比如切实关注学生的健康成长问题、基础教育课程教学改革的重点难点问题、带有明显的中国特色和地域特征的问题、体现了综合改革的思路的问题等。

从实践导向出发，教学成果的产生必须直接介入实际的教学过程，其形式是经过实践检验的教育教学方案。论文、专著等必须转化为实践方案，接受实践检验，对教学成果起支撑作用，其本身不是教学成果主要形式。因此教师要学会探索合适的成果物化形式，如教学设计、教学策略与模式、课型课例、教学指南等。

大家还需厘清下面几个概念：教学成果有科研的成分但不是科研成果；需要理论、论文但不是论文；奖励的对象是个人或集体但不是评选先进；需要付诸实践、过程体验但不是直接经验。教学成果的本质是教育工作者在教育教学实践活动中所体现出来的创造性劳动。

一个完整的教学成果需要准备如下证明材料：成果报告、实践研究过程及效果佐证材料（课题研究、实践研究成果），包括著作、论文、成果获奖情况、反映成果水平并产生社会影响的宣传报道（有报纸类、杂志类、电视报道类、网络类）、会议推介（成果应用及效果）、部分实验推广成果的证明、单位或研究团队获奖情况等。

中小学教师成为学术研究者，是新课程改革的重要理念，也是对教师提出的更高要求，是促进教师专业发展的必由之路。教师成为学术研究者，能使教育教学研究更直接地回到教育本身，走进教育的生活世界。

我比较认同“教学即研究”与“教师即研究者”这两种说法。一线教师不必要刻意追求高深的理论，应该回归到课堂教学这一原点，用自己的生活体验与生命体悟，聚焦真实教学问题，探寻本质课堂创造，把学术研究始终植根于教学生活的真实情境之中。

我想借用南通大学情境教育研究院研究员、教育科学学院兼职教授，江苏省南通市教育科学研究院教科研员，《教育研究与评论》特约主编邢晔老师评论我的文章《教育的向度：生命突破、文化超越与理想创构——兼论李志欣校长的办学探索与实践》，作为我个人教职生涯 30 年亲历亲为所探索研究的教学实践成果的一次集中展示，在此，感谢邢晔老师的用心、用情的专业凝练。

与李志欣校长相识多年，我一直关注着他教育生涯中的发掘与突破，审视着他办学探索中的扬弃与超越，欣赏着他生命行动中的开辟与创构。从一所薄弱学校到另一所薄弱学校，从一轮教学改革到新一轮教学改革，从一群追梦伙伴到又一群追梦伙伴，李志欣校长因爱而起，向善而行，始终在朝着理想的境界跋涉。

教育是社会与个人的互动和重构，指向人作为生命个体和社会成员的成长与发展。这是教育的本质体现，也是教育的价值所在。《礼记·中庸》中说“致广大而尽精微”，李志欣校长正是以“零”作业捍卫学生体验的底线，以“微改革”作为学校治理的起点，以“全学习”建设成己成物的教育生态，着意高远，致力精微，不断地求索、改变、超越，澄明着教育的三个向度。

将教学改革作为生命突破的过程

有专家赞誉李志欣校长是“正从泥土里长出来的教育家”。是否堪称“教育家”，见仁见智，但“从泥土里长出来”，正是李志欣经历的过去，也是他追求的未来。

1992 年 7 月，李志欣从师范专科学校毕业，被分配到山东省东营市利津县一所偏远落后的农村学校任教。乡村、学校、教师，这些美好的词语，在某些现实中却往往瘦骨嶙峋、茫然无力。农村偏僻薄弱学校的教师，有时难免产生艰涩难耐、穷愁闷煞的感受。但李志欣不仅在这所学校待了 12 年，还一次次从一所薄弱学校走进另一所薄弱学校，甚至被作为优秀人才引进到北京时，他进的还是薄弱学校。

从教 30 年来，李志欣与“薄弱”二字一直有缘，甚至有些乐在其中。

在他看来，教育确实是社会和生活的需要，但本质却是呵护和促进每一个生命的生长。因此，教育必定是有根的。这个根，就是“人”。而一个活泼泼的人，怎么能被贫弱艰难“囚”住“困”死呢？

每当被调往一所长期落后的薄弱学校，李志欣总会思考：学校为什么落后，又该如何改变？外部条件改善无法一蹴而就，最可行的破解之道就是提升课堂品质。这是每一位教师、校长都应该做并能够做好的。为此，李志欣身兼数职。当副校长时，教两个毕业班的英语，还兼任年级主任和一个班的班主任；当了校长，仍然不离课堂，教一个班的英语。这是李志欣的管理之道：“我先上”“看我干”“跟我来”！

在教学实践中，李志欣发现：学生有做不完的作业、考不完的试，教师有批不完的卷子、加不完的班，师生眼里只有分数没有人。当教与学不以问题为导向，课堂本身就成了“问题”。对此，李志欣在《教育在解决问题中完成》一文中指出：要建设以“问题”为主体的课堂，真正实现生命与生命的对话；教师的任务是激活课堂主体，把自己的“知识与生活”经验与学生已有的经验自然对接，师生直接进入彼此的话语、思维系统与生活、人格背景。

李志欣认为，要教随学行，做到先学后教、以学定教、善学促教。他将“学习点”拆成“问题点”，强调学生主体、学习赋权，在学生自主、合作、探究、展示、诊断中发现、分析和解决问题。2001 年，李志欣以教学问题为导向，开始推行“减负”；2007 年，李志欣以“零”作业斩断“题海战术”，倒逼“课堂提质”，整体颠覆了传统的课堂授业、课后作业模式。作为“一个必须”，当堂评价迫使教师有效完成课堂教学；作为“三个不准”，课堂闭环促使学生现场完成高效学习。这是对师生生命时间的测量与尊重，也是对师生生命空间的解放。“零”作业并不是终极目标，而只是一种手段，用于终止教师之间的“时间博弈”和学生群体的“答案诉求”。因此，“零”作业的目标，第一层次是创造公平竞争的时间环境；进阶层次是基于缩量减耗的“精准增效”。

课后作业的清零与归零，给课堂教学增添了巨大的压力与动力，也给学生学习开拓了广阔的空间。通过这项改革，不仅李志欣主导的学校走出了连续十年全县倒数第一的困局，而且启迪其他薄弱学校去改变自身的困境。“‘零’作业下的教学改革实践”，2012 年获山东省政府基础教育教学成果评选一等奖，2014 年获首届基础教育国家级教学成果评选二等奖。

《淮南子·原道》中说：“万物有所生，而独知守其根。”反之，能够“守其根”，就一定“有所生”。李志欣的成长和教改，就是这样一种生命的突破：守住“人的学习”这条根，就会像种子抗争泥沙的压迫一样，突破自身与环境的局限，生长出“知识与生活”的花朵。

让学校发展成为文化超越的旅程

课堂是教育的主要场域，但涵盖不了全部。李志欣走过一所所薄弱学校，发现它们有着鲜明的共性：缺少生机、思路、品质，根本在于文化底蕴的匮乏。

文化总是体现在人、物、事、情与环境上，是看得见的光芒、摸得着的温度，而非虚无缥缈的概念。李志欣把目光投注于学校空间和环境，以微改革来打破局限，促进学校发展，实现文化的重构与超越。李志欣的改革，不是从“做什么”而是从“不做什么”开始的。“零”作业如此，学校治理微改革也是如此。

“开会不设领导席”“谁要发言谁登台”，这个“交出舞台”的小改革，让普通的教育场景成为富有温度与情怀的文化风景。会风吹清风，管理要同理，淡化了领导与普通教师的区别，却凸显了人文与专业的分量。

不给教师添负担，要为伙伴创机会，让校园里充满了自由快乐的气息。李志欣认为，每一位师生都如北京市育英学校校风所言，是“静静挂在枝头的桃子”，只要有教育与文化的阳光，人的学识与人格自然会丰满、润泽、甜蜜起来。

在开放的空间，教育与文化的光辉才能普照。李志欣将用于区隔的绿化带全部打开，走廊或连廊不只为了通行，大厅与馆室也不只为了容纳，所有原本局限或封闭的区域都“期待”着人的抵达、停留与使用，从而成为开放性、多样化的阅读学习、娱乐活动空间。师生的意愿、兴趣与动线，不断定义和刷新着校园的各个区域。一处处平常的校园景观与馆舍，被改造成了“六艺庭院”“桃李满园”“曲水流觞”“劝学蹊径”等景致，以文气浓郁的意象，吸引了学生的观赏、阅读、思考与表达，连行走与休闲都变成了别样的学习样态、美好的交往境域。由此，一些教师开始把有关主题课程的学习搬到教室外面，一些学生社团活动也开始进入公共空间，“非正式学习”“非正式活动”“非正式项目”，在校园的每一处场域、每一个角落随时都可能发生。

李志欣主张，要让环境和空间能真正为人而存在，让人与环境互动起来。实际上，这是文化的人与人的文化在相互重构，是历时性的认知领域与共时性的现实存在进行着交互融通。教育不仅是文化的传递，更是文化的发现、理解与创生。在李志欣主导的学校里，文化总是由一个个师生、家长来主导、实施和交互。每个人都是一个自在的文化主体，他们的自我重构、协同建设带来了学校的发展，他们也在学校的发展中获得自我与他者的互洽。

用成长自觉驱动理想创构的征程

教育的根本任务，是培养社会需要并认可的人。但是，人应该能够并且去做理想主义的梦。李志欣的办学探索与实践就像是在画一个最美的梦，然后带着梦里的人们一点点地去实现。

读李志欣的文章，看他走过的学校，我们会发现薄弱学校发展的核心动力，就是教师的成长自觉。这是专业成长的青春之歌，也是生命蜕变的理想之路。

“零”作业的革命性变革，微改革的系统性升级，都少不了教师队伍的自组织和再出发。李志欣着力构建以学习为中心的支持多样化发展的教育模式，即“全学习生态系统”——运用学校文化、空间和环境，丰富学习资源，支持“多种学习方式与终身学习”，满足学生学习、生活的生理与心理需求，促进学生自我学习，培养他们发现问题、解决问题的能力。这个“全学习生态系统”的原动力就是教师的成长自觉。

人构筑环境，环境影响人。当薄弱学校里有了一些穷则思变的教师，而这些教师越来越多地通过读书、写作、课题研究等方式，成了“不一样的人”，那些追求“不一样”的人就越来越“一样”。比如，李志欣山东团队的“三个一读书活动”——读烂一本经典、主攻一个专题、精研一位名家。在这样的氛围里，甚至“门卫也会写文章”。

北京育英学校密云分校实施并形成了“读书、写作、课例研究、课题研究、课程建设，游学和分享”的“5+2”教师“自成长”模式，打开了弱校教师固化的思维，解放了他们被缚的灵性，激扬了他们压抑的生命，从“全学习”出发追寻自我生命的整全，渐渐成为学校的整体行动。教师申报项目，参与各种工作坊或学习型组织，既是自觉践行学校的“全学习”理念，更是自觉更新自我“全学习”的生命状态。

李志欣开心地说，越来越多的教师有了发现课程、勇于创造、乐于变革的内在愿望，并体验到自身成长所带来的成就感。教师张静的家书课程、王智超的竹品课程、蔡江平的班报课程等都深受学生喜爱。当这样的教师越来越多时，曾经的薄弱学校，就已经化蛹成蝶。2019 年，“‘全学习’课程改革与育人模式创新实践研究”被评为北京市课程建设优秀成果一等奖。

发现教师，为每一个教师改变现实的专业发展赋能，就是在发现学生，为每一个学生面向未来的成长赋能。

发展之道在自觉，教育最美是平常。理想，就是一个重构未来的梦，就是一个渐成现实的圆。

破解教师在研究中成长的密码

一次应邀去吉林省白山市给全市校长与部分骨干教师做讲座，在长春顺路接上也要去做讲座的吉林省教育学院初中教研培训部宋胜杰老师。在车上，我俩坐在后排，一路畅谈，我知道了宋老师喜欢一人驾车，领略祖国的一些河流湖泊，也喜欢作诗写文章。我这样评价宋老师的生活："一人旅游，加上赏景撰文，这是多么令人神往的生命狂欢与精神徜徉啊！"

在路上我认真倾听着宋老师的侃侃而谈，我知道宋老师原就是一名优秀的语文教师和班主任，后来做了多年的培训部副主任。他专于读书、学习与研究，不精于功利钻营，是一位淡泊名利的谦谦君子，这是我对宋老师的评价。"这一路，我是听了三个小时的免费讲座的，既有人生阅历，又有专业知识。"我笑着感谢宋老师。

坐在副驾驶座上接送我们的女教师，是白山市教科院的一名负责教师培训的主任。她听着我们的谈话，突然回头问了一个问题："为什么现在的一线教师不愿意做研究，不知道怎么做研究？"

我说，这是很多学校教师面临的问题，一提起研究大家会马上想到做课题，要么认为这不是一线教师做的事，而是那些专家做的事，要么认为这类研究与实际工作脱节，对提升教学成绩没多少用处。

宋老师讲了自己做班主任时的两件事。一件是家长会前，组织学生写出自己喜欢什么样的家长，宋老师根据学生的问卷答案总结出了十条内容，家长会时发给家长看。另一件是宋老师动员学生们把一些花草栽进花盆拿到教室里，由自己侍弄管理，并让同学们每人写一篇关于植物的生长习性、生长特点等内容的说明文，写在卡片上放在花盆里，并且还要写花草生长情况的观察日记，将管理花草与撰写文章很好地结合起来。

我说，这就是教师的研究啊，十条内容，是很有价值的研究的成果。管理侍弄花草，撰写说明文章和观察日记，这是跨学科课程实践探索，也是班级管理的一项有效的策略，让学生有事做，有事管，还美化了教室环境，一举多得。我接着说，教师做研究就应该是寻找身边的问题，发现与自己工作紧密相关的内容。

对于为什么教师普遍感到做研究是一件很困难的事情，宋老师的实践探索就是一个很好的解决方案，这样的研究满地都是，看教师们是不是一个有心人，想不想这样去做事。同时，很多教师不明白从一名新手教师到骨干教师再到卓越教师这个成长历程中，每个环节应该重点关注什么，以什么样的方式来应对。也就是说，学会做研究是需要一个过程的，需要逐步实践、学习、反思、积累、提升、归纳。

下面我介绍北京师范大学吴欣歆老师的一项研究成果，她通过梳理、分析一位中学骨干教师不同阶段的研究成果，构建骨干教师专业成长的“金字塔”模型，提炼了骨干教师专业发展的核心能力以及支撑骨干教师专业发展的条件因素。

发现：一位骨干教师研究成果的特征

研究者对教师专业发展阶段的划分不尽相同。钟祖荣将教师的专业发展阶段划分为适应期、熟练期、成熟期、发展期、创造前期和创造后期六个阶段，笔者将后三个阶段统称为创造期。在统计 2012 年北京市中学语文骨干教师研究成果的过程中，L 老师进入了我的研究视野。L 老师有 16 年教龄，2007 年被评为北京市骨干教师，进入熟练期后开始发表研究成果，截至 2012 年，共发表 56 篇文章。L 老师的研究成果大致可以分为经验描述（29 篇）、教学设计和反思（18 篇）、案例分析（6 篇）、教学论文和研究报告（3 篇）四类。从时间上看，L 老师有 95.4% 的经验描述类文章发表在熟练期；81.3% 的设计和反思类文章发表在成熟期；案例分析类文章主要发表在发展期；研究报告和教学论文则是其创造期的主要成果。由此可见，L 老师的研究成果呈现出“金字塔”特征：以经验描述文章为塔基，随着专业发展阶段的变化，发表的研究成果数量逐渐减少，呈现出从现象描述到理论梳理的变化过程。

探究：一位骨干教师专业成长的核心能力与条件因素

按照 L 老师描述的轨迹，我再次梳理了他的研究成果，认为其中隐含着其专业发展需要的核心能力。在访谈过程中，我进一步探寻 L 老师专业成长的条件因素。

1. 整合信息："我是这样做的"。

29 篇经验描述类文章是探究 L 老师专业发展核心能力的重要依据。据 L 老师回忆，每次课后他都撰写“教后记”，记录课堂上的关键事件，有时候是一段精彩的实录，有时候是遇到的问题。隔一段时间，他会总结这些“教后记”，把同主题的“经验”整合到一起。如何捕捉关键事件呢？L 老师直言：“那时候我并不知道什么是‘课堂关键事件’，完全凭直觉判断，我判断的标准就是课上得顺畅不顺畅。我认为，顺畅也许就暗合了某种教学规律，不顺畅也许就违背了某种教学规律，我将这些顺畅或不顺畅的事件记录下来，相信会在读到某种理论的时候为其找到依据。”

L 老师这种凭借“直觉”捕捉关键事件的能力，符合适应期、熟练期教师的特点。“关键事件”即为 L 老师这一时期专业发展的条件因素。

2. 形成解释：“我为什么这样做”。

进入成熟期后，L 老师发表了很多经过打磨的教学设计和教学反思类文章。这类文章多为“约稿”，是在他成功举办研究课或者参加教学比赛获奖后，应某杂志的要求而整理的教学设计。

L 老师分析：“这些教学设计的发表对我来说意义重大，尽管备课、磨课时，有很多专家、同行指导我，但我常常‘知其然，不知其所以然’，甚至我上完课也不知道为什么要这么做，听专家评课才略略有点感觉。撰写教学设计时一定要说清楚我为什么要这么做。这时，我才真正开始思考。我对中学语文教学规律的理解就是从这些反思开始的。”

L 老师的经历是否能够呈现骨干教师成长的一般规律？我访谈了三位与 L 老师教龄相同、经历相似的中学语文骨干教师。他们都表示有过“被反思”的经历，认为“被反思”的过程是明确中学语文教学规律的过程。

可见，L 老师抓住了专业期刊“约稿”这个契机，对自己的设计意图形成了合理的解释，这种能力是促进 L 老师专业发展的关键因素。“教学规律”则是 L 老师这一阶段专业发展的条件因素。

3. 作出评价：“我为什么这样想”。

伴随着教学设计的成熟，L 老师能够更加客观地分析一节课，能够借助一些理论观点表达自己的认识与思考。例如：在关注高中语文选修课实施的过程中，L 老师先后撰写了三篇案例分析。L 老师回顾这一时期的研究成果，明确地认识到：“有个阶段，我的专业发展大大前进了一步，我不仅能够看到自己，能够捕捉自身教学中的案例，还能够深度观察他人，对照比较。在进行经验描述和教学设计的过程中，我阅读了大量的理论书籍。我先是为自己的经验找理论，后来是依据理论分析他人的经验。这两个过程相互作用，帮助我初步形成了分析框架，在使用框架分析的过程中，我能够按照需要修改框架，使之渐趋合理。”这是 L 老师专业发展中的关键一环，理论储备帮助 L 老师从感性的判断走向理性的分析，使其跨越了经验描述和自我观照的阶段，走进了更为广阔的研究空间。大量的理论书籍为 L 老师的分析阐释提供了知识背景与理论框架，“理论视角”的形成是其该阶段专业发展的条件因素。

4. 建立联系：“我认为应该这样做”。

谈到发表的论文，L 老师表示：“有一次，我跟一位做教师培训的老师聊天，她说：‘您的专业发展又进了一步，因为您有了坚定的信念。’现在，我能理解她的意思了，原来我只是跟大家分享——我是这样做的；现在，我希望能够影响他人——我认为应该这样做。”L 老师进行了三年的高中语文选修课实验研究。在此基础上，L 老师进一步撰写了几篇论文，对实施高中语文选修课的核心问题进行深度阐释，构建高中语文选修课实施的一般模式及评价模式。至此，L老师将实践过程的各个环节建立起联系，形成了自己对高中语文选修课教学的认识，初步梳理出自己的观点。“教学信念”的确立成为L教师在这一阶段专业发展的条件因素。

提炼：构建骨干教师专业成长的“金字塔”模型

基于对L老师的个案分析，以及访谈其他骨干教师的佐证，我认为可以从条件因素和核心能力两方面分析教师研究成果的特点，构建骨干教师专业成长的“金字塔”模型（见下图）。

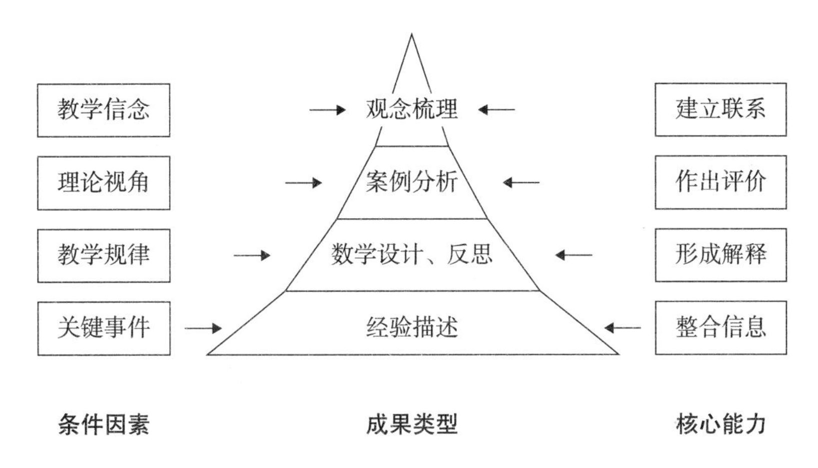

上述模型具有以下特点：

其一，呈现出骨干教师学习、应用、形成理论的专业发展历程。经验描述是“塔基”，教师在经验总结的过程中学习理论、探究理论。教学设计和反思、案例分析是“塔身”，教师在这一过程中运用理论进行分析阐释，逐渐形成理性认识。教学论文是“塔尖”，其撰写过程是教师将经验、设计、反思、案例建立联系的过程，是教师以实践为基础梳理和形成理论的过程。

其二，提炼了骨干教师专业发展的核心能力。整合信息、形成解释、作出评价、建立联系四种能力与“金字塔”模型的四项内容有较为明显的对应关系。四种核心能力是一层套一层的累积形式，每一层都是在前一层次基础上的提高，最高层次的能力能够涵盖前三个层次，四种能力发展的过程是相互渗透、融合的过程。

其三，条件因素是支撑骨干教师专业发展的基础。捕捉课堂关键事件、探寻一般教学规律、形成理论分析的视角、提炼自身的教学信念，这些条件因素可呈现、可描述，可视为骨干教师专业成长的载体。

其四，研究成果的层次体现教师专业成长的层次。从研究成果可以看出，教师的专业成长是“自下而上”的过程，即从最原始的经验积累出发，逐渐从沿着现象探寻理论，走向依据理论分析现象；逐渐从感性的判断发展为理性的分析，进而在经验、现象、理论之间建立联系，建构教学理论，形成教学信念。

我为什么用这么大篇幅给大家介绍这个教师成长的规律？我认为这个模型为教师专业发展规划提供了“路标”，“金字塔”模型呈现的发展方向具有合理性和可复制性，为教师提供科学的专业成长路径：“金字塔”模型提供了划分教师专业发展阶段的新的依据，教师可参照这一模型判断自身的专业发展状况，确定发展的方向与重点。

同时，也为一些不愿意、没有勇气做研究的教师树立一种信心：只要懂得不同发展阶段教师研究的重点，为自己规划好研究的内容，就会慢慢学会做研究。做研究，心急不得，需要按照这个模型介绍的路径和要素来规划自己的成长与研究。

在此，我想表达我的一个观点：成长即研究，研究即成长。我便遵循了这样的道路，让我实现了从写一篇文章到出版论著，从分析一个案例到获得国家级教学成果奖，从一名普通教师成长为特级教师。

成为一名持续的学习者

韩愈在《师说》中如是说："师者，所以传道受业解惑也。"这句话比较全面地界定了作为一名教师的专业职能与责任。用现在的说法，还可以如此定义教师的角色职能：教师是学科知识的讲授者、意义建构的帮助者和迁移应用的促进者。如果是在以前，教师扮演好这三种角色是可以胜任其职能的，但是在知识和技术呈几何级数增长的信息时代，就很难满足教育教学的需求了。

也就是说，现在乃至未来的教师，除了实现上面三类角色外，还会有其他一些角色，如教育管理者、课程贡献者、纪律督查者、课后服务者、生活指导者、兴趣培育者、心理咨询者、家校合作者、社区志愿者、结果分析者、持续学习者等。在日常的教育教学工作中，这些角色都是持续学习者角色衍生出来的，都具有重要的作用。

当我们强调学校教育使命的实现时，教师若能够胜任这些角色职能，不仅要有高尚的职业道德、宽厚的专业知识，还要有较高的专业能力，如敏锐的观察能力、多角色的理解能力、良好的语言表达能力、交往协调能力、现代教学能力、教育科研能力、系统建构能力、动态生成能力、终身学习能力等。

而教师要承担如此多元复杂的专业角色职能，能够具备这些专业能力，我认为，持续学习者角色作为贯穿所有角色所必备的关键角色，应引起足够的重视。持续学习是现代教师专业精神的标志，这需要教师紧跟教育学研究的前沿，不断进化提升专业技能，自觉参与研究。当前，各级教育行政部门和专业职能部门以及学校，都不遗余力地组织各类教育、课程和教学等方面的专家讲座和报告，也会运用师徒结对、个性化成长计划、名师工作室等方式，促进教师的学习与成长。但是实际效果并不是十分理想，并没有像我们想象中那样，多数教师都能成为一名积极的、主动的学习者，尤其是成为一名持续的学习者。

除去培训课程目标、内容、方式与质量不能满足教师的切实需求外，太多、太杂、太泛的培训反而抹杀了教师的学习兴趣，这也是一个不争的事实和不可忽视的原因。阅读几篇文章或聆听几场讲座或报告，并不能使教师成功地开展务实或创新实践，这种灌输式的培训学习不会直接帮助教师解锁技能，把理念转化为实际行动，用以指导教育教学和课程评估。对于广大教师来说，知识很容易获取，所以总是在不断获取更多知识，而不是采取实际的行动去应用它们。在这个过程中，消极思维会发生作用，从而削弱了学以致用的动力。

如何解决这个问题呢？持续性学习最核心的行动离不开阅读，确切地说，更需要的是持续性阅读。现在有很多引领教师读书的文章，对我启发很多，但我并不认同引导教师大量读书的观点，有的竟然希望教师一年阅读一百本书。我还是认可“少而精”的道理，以及间隔性重复阅读的观点。

我在读书时，一旦选定了一本自己喜欢或需要阅读的书，我会一次又一次地阅读，划出重点，找出需要强调的地方和重要理念，写出核心思想和自己的理解，然后不断地复习，消化吸收。我会根据整本书或书中部分内容、观点，结合自己的实践，用自己的思考重新梳理出一篇比较精炼的文章，发在我的公众号里分享，希望一些同样喜欢阅读的好友跟我一起读。重要的是，每重读一次，一定要间隔一段时间。我设法保持自己的阅读兴趣，并集中阅读那些我想要实际应用的东西。这样会真正了解一个领域，透彻地吸收一些重要信息，而不是盲目地接触大量信息。

如果这些信息是有用的，我会将其整合应用到自己的工作、文章或讲座交流中，在实际应用中让其继续发酵。产生观念误解或记忆模糊时，我会再次翻阅书中的一些相关内容，做到真正理解并澄清其中的观点、逻辑和意图。这是一种很有效用的策略，保持一种积极开放的态度，通过不同方式的间隔性重复，克服知行之间的差距。

有的老师由于读书的目的性太强，给自己规定了强迫性任务，更期望通过阅读迅速获取自己想要的东西。我认为，这是不现实的，大可不必如此。读一本书，甚至是十本书，都不可能立即解决我们所焦虑的眼下的问题。

我读书，有时是放空自己，并不是非要得到什么，非要记住些什么，只是根据自己的感觉和需求选择自己喜欢的书，关键是坚持读下来。每天都要读，再累，再忙，再烦，也要读，哪怕是读一页，读十分钟。阅读是自己的事情，而不是一项任务，可贵的是坚持。读着读着，你就会感觉，以前有些品位或水平的书籍，已经不能满足现在的口味了，于是对选书变得谨慎起来，挑剔起来，所买的书开始不再那么繁杂、漫无目的，当想要买书时会感觉到自己需要的书总是会跳到自己眼前，这些书的内容更聚焦自己近期思考、实践和研究的实际问题。以前感觉记不住书里的内容，现在感觉总是在自己脑海里闪现。有时候我会有这种感觉：在工作和生活中，如果自己需要，书里的思想、观点和策略就会及时用得上。不同类型书里的内容有时是相通的，有时是冲突的，此时自己能够辨析，能够选择，会把它们联系起来，内化成自己的想法，自然地与自己的实践行动对应起来，做出一些细节和方法方面的调整，并且记住了书里的很多内容。这是因为随着阅读量的增加，很多关键的思想和观点会不断地遇到，这样就无意地强化了自己的记忆，根本不需要刻意背诵，甚至感到不同领域和风格的书里的观点与内容能够相互印证。我时常会产生一种感觉：每读完一本书，自己和以前的那个自己就不一样了，我知道，这是那本书的思想已经注入到我的心灵里。于是，我越发喜欢阅读，越来越能准确把握书中的核心思想与观点，变得更加专注，读书的速度也变快了。书成了我工作的得力工具，成了我生活的忠诚伙伴。

我想，不是非要一年读多少本书，拘泥于多久读完一本书，而是你的行动是持续在读书，一天天地读，一年年地读，读过的那些书，它们在时间的流逝中会真正用在生活上，渐渐汇入你的生命中，让你的世界变得越来越大，心胸变得越来越开阔，思维变得越来越敏捷。每一本书都在参与自己的人生，让自己不断获得精神的滋养，不断找到前行的勇气，不断创生出行动的智慧。

其实，那些向我提出读了几本书没有用的教师，是仅仅看到了阅读的初期表象，就开始丧失信心，没有了坚持阅读的动力。我们要清晰地理解，一个人在阅读上花费的时间，不会带来明显的立即的收益，甚至在积累速度方面，会慢于直接行动。但是我们要相信，随着阅读时间的持续叠加，读书达到深度思考，形成有意义的结构，化为自身的逻辑，并能游刃有余地学以致用，定期复盘自己的行动，检查做得如何，接着继续阅读，个人终将获得蜕变式的成长，成为一名理想的持续学习者，更加胜任教师各类角色的专业职能与责任。

教育家冷冉认为："教育者必须不断补充新信息，新信息多到一定的量，便会引起观念的更新。教育者的观念更新，一是为直接传给学生以新思想新观念，二是为建立科学的教育思想，完整地发挥教育的功能。"这便是持续性学习的意义以及作用。

持续性阅读，既可听到身外的声音，又能听到心里的声音。如李政涛教授所说："真正的阅读是一种连接，在阅读中，我们得以连接他人和自己，连接熟地与异域，连接空间与时间……最有效的阅读，是连接密切的阅读，因此，它必将经历两个阶段：进入书本，回到自我。"在阅读中能够连接到他人和自己，身外与心里是完全一样的声音，从而获得身体与心里的安静，便能专注地学习，收获完整的心灵。

莫洛亚在《生活的艺术》中说道："读书的艺术，在很大程度上，就是在书中重新发现生活，更准确地理解生活的艺术。"我找到了理解自己未来生活的艺术——持续性学习。

写作，能享受劳动成果的喜悦

做研究，离不开写作。有不少年轻教师问我：“你的文章语言流畅，观点独到，尤其是成文很快，你是怎么做到的？”

我告诉他们，在想写一个主题的文章后，我并不急于下笔，而是把它“悬挂”起来。这段时间这个主题就留在我的脑海里，我的手头工作该怎么干就怎么干，我的日常生活该怎么过就怎么过。但是，在工作和生活过程中，那个主题是有生命的，它会不断发出信号，吸引你去发现、思考与之相适应、相近的内容，这段时间的阅读、实践，甚至是交往，都会被它召唤。

我把它比作新挖的一个池塘，那些信息、信号会自然地流进里面，等水面大了，池塘四周便会长出一些水草，水里会出现一些鱼儿，一些鸟类也会飞来。

当自己有了充分的积累，当然，这些积累有些是有意的，有些是无意的，找个时间虔诚地坐下来，泡一杯自己喜欢喝的茶，也可以是一杯咖啡，打开电脑，此时不要急于一气呵成，也不要有非要写得多么完美的压力，手随着大脑意识的涌动，自然地敲击键盘，伴随着一个字一个字的跳跃，文章就这样流淌出来。

其实，每一句话里的文字，以及生成的思想观念，都是坐下来开始写之前，这个主题所吸引来的丰富的信息和信号，只不过是这些信息和信号因自己的需求发生了连接，进行了发酵，去粗取精，抽丝剥缕，新颖的、独特的、创造性的表达便呼之欲出了，此时，挡也挡不住。

要想达到这种境界，离不开平时日积月累的实践，更离不开自己每天坚持的阅读与写作。当你在实践中不够投入，一年勉强读一本书，不到被逼无奈才写文章，即使你采用我描述的方法，也不会出现奇迹，因为你的大脑里根本没有多少信息和信号。实践还需要多反思，与所读的书建立联系，来指导自己的实践。读书时与以前的实践知识对接，借他人的思想和行为牵出自己的观念。还得坐得住，坚持写，哪怕写的是流水账，自己不满意，也要坚持写。当你养成了把所读、所做、所思记录下来的习惯，并经常与一些好的文章进行对比，就会感知到自己的不足，此时继续写，如此往复，形成闭环，终有一日，你会成为写文章的高手。

阅读不可紧紧围绕一个领域，要多选择自己喜欢的主题，我喜欢专业理论类、社会哲学类、企业管理类、散文小说类等书籍，根据自己的时间和心情，交替阅读。我现在感觉到，读一两本书是不会起多大作用的，当你读到第 20 本、第 50 本、第 100 本，你的气度就会发生变化。有时感到无用的书籍，其实到了一定的场域、情景，自然会化为智慧，变成策略，帮助自己解决遇到的问题。这是一种很奇妙的事情。

我还感到，此时你就有能量驾驭一些事情，甚至使自己的心灵变得自由起来，理解了生命的真谛，越来越敬畏大自然的规则，独立、高贵的情感油然而生，自己的人格魅力、做事风格也会变得厚重而温和。

从此会敬畏所有生命，宽容所有的错误，愿意做成就他人的事情，写作的素材更会源源不断，灵感更会一触即发。当下的心专注一处，达到“制心一处，无事不办”的境界。写作还是苦、难的事情吗？只不过是信手拈来而已。

这也是我曾经读到老舍先生的一篇写给初学写作者的文章时得到的启发，现把先生的经验提供给大家。

有不少初学写作的人感到苦恼：写不出来！

我的看法是：加紧学习，先别苦恼。

怎么学习呢？我看哪，第一步顶好是心中有什么就写什么，有多少就写多少。

永远不敢动笔，就永远摸不着门儿。不敢下水，还学得会游泳么？自己动了笔，再去读书，或看刊物上登载的作品，就会明白一些写作的方法了。只有自己动过笔，才会更深入地了解别人的作品，学会一些窍门。好吧，就再写吧，还是有什么写什么，有多少写多少。又写完了一篇或半篇，就再去阅读别人的作品，也就得到更大的好处。

千万别着急，别刚一拿笔就想发表不发表。先想发表，不是实事求是的办法。假若有个人告诉我们，他刚下过两次水，可是决定马上去参加国际游泳比赛，我们会相信他能得胜而归吗？不会！我们必定这么鼓舞他：你的志愿很好，可是要拼命练习，不成功不拉倒。这样，你会有朝一日去参加国际比赛的。我看，写作也是这样。谁肯下功夫学习，谁就会成功，可不能希望初次动笔就名扬天下。我说有什么写什么，有多少写多少，正是为了练习，假若我们忽略了这个练习过程，而想马上去发表，那就不好办了。是呀，只写了半篇，再也写不下去，可怎么去发表呢？先不要为发表不发表着急，这么着急会使我们灰心丧气，不肯再学习。若是由学习观点来看呢，写了半篇就很不错啊，在这以前，不是连半篇也写不上来吗？

……

首先是要把文字写通顺了。我说的有什么写什么，有多少写多少，正是为逐渐充实我们的文字表达能力。还是那句话：不是为发表。想想看，我们若是有了想起什么、看见什么和听见什么就写得下来的能力，那该是多么可喜的事啊！即使我们一辈子不写一篇小说或一部剧本，可是我们的书信、报告、杂感等等，都能写得简练而生动，难道不是值得高兴的事吗？

如果大家把我的写作体会与老舍先生给初学写作者的建议结合起来看，可能就会有这种思考：尽管开始写，写下就是收获。只要开始了，就不问西东了，只顾向前。千万别着急，千万别灰心丧气，只需每天坚持。要再勇敢一点，下笔历练些。多学学别人，会做得更好。

如此的人生，是一件多么令人高兴的事啊！时不时有自己的作品，时不时有自己的惊叹，时不时有自己的世界！

从写一篇文章到出版一本论著，其中的动机与能量，李海林校长的观点给了我很大的启发，李校长认为论著是教师成长的重要台阶。我是在不知不觉地努力中实现了这个目标，而这个过程成就了我的生命成长。

李校长还认为，教师写作的实质是将默会知识向明言知识转化的过程，其意义在于：固化经验，经验因固化而不断积累；促进反思，明言的过程就是反思的过程；提升知识层次，明言就是由个体知识到类别知识的转化；强化教师的成就感；有效传播，意会是手把手，明言是“心贴心”；明言可以寻找到学习共同体。

李校长说，教师写文章应该是六个环节的完整链条。第一步，观察你在实践中遇到什么样的问题。第二步，用理论思考这个问题的实质是什么。第三步，从你对问题的实质的理解出发，想想你从哪一个方面入手开始对实践进行改善。第四步，观察改善的结果。第五步，对这一过程进行反思，形成初步的结论。第六步，前瞻需要进一步研究的问题。然后，再一轮的循环。

李校长的理性总结，很好地解读了我写作著书的内在需求与心路历程，也很好地说明了作为一名一线中小学教师写作著书的方法和策略。

有了李校长文字的启发，我更加明晰了今后的行动。我所阅读的书，大多是与自己的工作有紧密关系的，即使一些休闲的书、一些其他领域的书，我也会自然而然与自己的工作建立联系，能够互相印证，互相支撑。我写书，则更写自己专业领域的内容，当然，里面吸取了我所阅读的一切感知与消化过的那些有用的信息。

我将努力写下去，让更多、更优质的文章接受大家的批评指正。我不仅喜欢读书与写作，还喜欢引领更多的教师也能喜欢上读书与写作。下面这篇文章是我给五常市铁路学校老师们的第一本校本论著《共好集》撰写的序言。

我已经好多年都不看春节联欢晚会了，而是以读书来度过除夕夜的时光，这不是因为我的沽名钓誉，而是我已经形成了一种属于自己的生活习惯。

不过心里还是多少惦记着这每年一次的春晚。我下定决心，今年破例不读书了，就陪着家人看看春晚吧。但是，我连续看了三次不同的节目，均没有被吸引住，每次也就是勉强观看 5 分钟左右，就又想去读书。电视里的世界与我的世界隔得太远，我走不进去，他们也带不走我。

干脆不看了。我习惯性地推开书房门，静静坐下，泡上一杯茶，打开电脑，拿起一本书，开始进入我自己的世界。我的世界里可不是只有我自己，那显得多孤单。我拥有异常丰富的书籍，还有很多志同道合的书友，我想他们会一直陪伴着我的。

这不，青春号群、共好阅读群、开纳课改群里的朋友们继续在群里分享着他们的阅读心得与行动感言。也许你会说："这并不新鲜啊！"

但是，我想说，自从这所学校成立阅读群以来，他们每天都坚持分享自己的作品，这些作品都源自阅读，发自内心，接自实践，节假日没有停止过，抗洪涝灾害期间没有停止过，他们已经这样坚持了一个学期。或许你还会说："这有什么了不起？"

我说两件事来证明我对这群人的敬畏与尊重：一是除夕夜他们仍然在微信群里互动分享，他们没有因过年而停止阅读；二是他们每阅读完一本书都会认真撰写一篇高质量的阅读心得，发布在学校的公众号上。从 2023 年 3 月 27 日开始，到 2024 年 2 月 4 日结束，他们共完成了整整 100 篇文章。

有专家说，当下中小学教师都不愿意读书。很多教师自己也认为，平时太忙，哪有时间读书？教师不爱读书似乎成了一个人人都要吐槽的问题，成了我们一线教师的一个不良的习惯，说得严重些，基础教育中的一些弊病都要因此"甩锅"给我们的教师。

我曾经与张忠涛局长探讨过这个问题。张局长说："不是我们的一线教师没有教育情怀，没有教育思想，不喜欢读书，主要原因是我们没有带好头，没有为大家创造适合的空间和平台。"

一个爱读书的局长，一个爱读书的校长，一群爱读书的学校干部，在这样的大环境下，我们的教师哪会不愿意读书？说句实话，一开始我还真是担心铁路学校的教师们坚持不下来。基于我多年的经验，很多学校的读书组织会在热闹一阵后无疾而终，但是铁路学校却另辟蹊径，运用了“慢”的功夫，让教师们每天阅读论著中的一篇文章，每篇文章也就三千字左右，教师们没有太大的压力，做到每天坚持即可。学校为了引导大家坚持，每天在微信群里彼此分享，还进行阶段性的重读，在环境优雅的图书馆里举办阅读分享会，这些仪式感很足的行为，吸引着教师们一字字、一篇篇、一本本读下去，从而一发不可收，现在想让教师们停下来都不行了。相比有些学校的读书组织，临近过年会下个通知——暂停读书一周，足以显示铁路学校读书人的智慧！我称这种阅读为“慢享式”阅读。

下面的文字是我多年的博客好友水谷龙生的观点，虽然已过去近20年了，现在读起来仍然给人很大的启发。

教师成长，是一个永恒的话题。它却成了我们的难题，成了难以改善的困局。若没有长期的关注热情与自我革新观念，确乎难以找到有效的策略。我们无时不在寻找成长的“密码”，找到一条能直抵教育理想的途径。其实，不必到处去寻寻觅觅，遵循自然的规则，从外在依赖型转变为内在需求型，教师的成长便不再有“秘密”。革新自我的思维旧模式，在与现实的不断磨合中，通过“真诚”的对话，找到新的成长路径——以专一的态度去兑现曾经的诺言。

五常市铁路学校就是走了这条路，他们找到了教师成长的“密码”。

教师是专家，这样的理念暂时无法被人认同，在我们的潜意识里，教师与专家永远是割裂的，当教师生活在“分离”中，我们便无法过上“完整而幸福”的教育生活，而诸多问题便接踵而至。“主张自由、学术自由、教学自由”从三个层面为我们诠释了“教育自由人”的实践方向，尽管有些“高远”——可望不可即，然而，我们却可以从学校的面貌改变中感受到希望与信心。铁路学校的部分教师，开始走上“完整而幸福”的生活，他们正在追求一种带有教育家精神的生活。

要让教师尝到“甜头”，让其在亲身体验中感受“甘苦”，只有真实地实践体验，才能获得持久的动因，为专业发展找到属于自我的途径。看到一个真实的“我”，意味着每一次探索都是艰辛的长旅。教育的本真是追求人的自我完善，这一意旨若能被教师领会，则发展会水到渠成。在完善自我的过程中，绝不存在统一的模式，特别是在多元文化背景下，我们所进行的探索更具有个性特性。个人的表达，只要不掩藏或遮蔽教育成长的重要问题，他就完全可以在“自律”中靠近心中的目标。

在新的一年里，希望铁路学校多留给教师们一些思考的时间，关心他们的身心健康和家庭，认真研究并为他们创造再次专业成长的机遇和平台，尊重他们的教育思想和专业话语权。

学校要珍视教师的教育理念和实践主张，变成学校珍贵的文化产品，创造条件在学校或更大范围内推广；帮助他们规划走向卓越教师的有效途径，鼓励他们养成教育家型教师的气质；顺应他们的个性与兴趣，呵护他们的缺点和偶尔的失误，让他们都有尊严地成长、成功。

在新的一年里，希望教师们有自己的生命成长节奏：一是解放自己的职业兴趣，大胆地爱上某个事物，专心致志地去努力追求；二是为学生提供机会和环境来促进学习，增强学生的能力，帮助他们通过不同的方式来成长；三是要跳出学科做教育，读一些中外教育、哲学、管理等多领域、高品位的书籍；四是读书、实践要有“产品成果意识”；五是要聚集志同道合者，共建交流圈，形成价值共同体，检验自己的观点和逻辑。

最后，我想与大家分享我喜欢的一段话，以期共勉：成长的秘诀在于对万事万物的感恩与敬畏，万事万物都肯定有值得我们学习的优点。只要以一颗坦率的心，一定看得到事物的优点，然后以此为契机，去读一本书，或者去听取他人的经验，或者当场启程前往某处，让自己更深入地学习，长久下来气度就会增长。

要做自己的秘密研究

我经常收到一些朋友发给我的文章，或请我帮助修改一下，或希望我推荐给某些报刊发表。但是，当打开这些文章时，不用细观其内容，只看题目，就知道不好修改，更不可能被发表。主要问题是其选择的主题缺乏新意，都是些极其平常的角度；从内容看，更是感觉其他人早就写过了。

我想，这与自己不会寻找主题，不能抓住问题的独特性有关系，只是循规蹈矩，模仿他人的作品而已。为什么会造成如此情形呢？我们不能否定文章作者的努力，更不可怀疑他们的态度。

在阅读了万维钢老师的新著《学习究竟是什么》一书后，认为其中的有些观点可以帮助我们对上面的现象做出解释，提供可资借鉴的改善策略。

《创造的脚手架》一文，指出了问题的根源。写文章其实也是一种创造。万老师认为，“创造的基本技术是借鉴”。文中介绍了乔布斯在1994年接受《连线》杂志采访时，谈到了他对创造的理解：创造就是把东西连接起来。如果你问有创造力的人是怎么做出东西来的，他们会有一点负罪感，因为他们并没有真正“做”东西，他们只是能“看到”东西。一段时间之后怎么做就会变得非常明显。这是因为他们能把自己的经验和新东西综合起来。因为他们拥有比别人更多的经验，他们对自己的经验想得更多。

万老师说：“创造是想法的连接，某些创造是同类想法的直接连接。”那为什么我们经常意识不到这一点？为什么我们总觉得自己的想法不如那些写作高手的创新有独特性呢？

一是缺失连续的阅读学习精神与习惯。阅读学习需要日日进行、月月坚持、年年累加，这样才能摄取某一领域的相对全面完整的知识，容易筛选出那些独特、新颖、有用的信息。一旦断了阅读学习的链条，那么这段时间的信息就是空白的。当你想起创作时，完成作品后自己似乎感觉还不错，但是此时的观点或想法的真相可能还停留在过去，自己却浑然不知。因为那段空白期自己没有续接上，当别人阅读你的文章，自然感觉到了落后。

二是不经常看一些有创新意识的人的文章，自觉地把自己的文章与他人的文章进行比较，便不能获取他人的现成的新观点，也不能感受到自己的文章与他人的差别与距离，所以就不会有进步。我学到了一个写作的经验：自己写完了，再看他人的文章，感觉到了不足，学到了经验，再继续写自己的，再看他人的，如此周而复始，水平会不知不觉地提升。

三是在阅读学习时，要有一种意识，不仅仅学习他人的经验、观点、技巧，更要通过阅读学习，把他人的思想、自己以前的知识，还有自己目前的实践，建立起联系，从而牵连出自己的观点，生成自己的想法。这时，会感觉到心灵与经验的一种碰撞，也就是所说的灵感。把灵感用文字表达出来，一篇创作就诞生了。

这三种做法，是成就我个人成长的宝典。当你读到这里，可能会说："你说得容易，但是做起来却很难。"那到底怎么才能做到上面所说的这三点呢？书中还有一篇题为"秘密项目"的文章，其中的观点我也认同，可以作为解决这个问题的绝妙方法。

"我们每个人都有一个自己的秘密项目，我们白天上班做普通的研究，晚上回到家里做秘密研究。"看到书里这句话，我想到了自己，其实我也有自己的秘密项目，那就是写书。平时该上班就上班，做好分内的事情，但是自己私下却干另一件事情，这不是普通的业余爱好，自己非常严肃认真，每天都要取得进展，达到一定的水平。白天的自己是一个身份，晚上的自己还有另一个身份，没人真正了解，甚至理解，只有自己知道自己在做的是什么。

你可能会问，如果是好的项目，为什么非得秘密地做呢？万老师认为："关键是你做这个项目时，要有一点疏离感。也就是说你不应该跟一大帮人在一起凑热闹，应该自己独立地干。因为疏离感能激发创造性。”“如果一个人处处跟人扎堆，哪里热闹就去哪里，有什么新闻热点他全知道，有什么时髦的事情他必定跟进，这样的人日子会过得很有意思，因为它代表所在圈子的水平，但是他不能给这个圈子贡献新东西。”

我认为，这样的项目是自己感兴趣的事情，做起来也不需要什么经费，不用跟风参加一些评比，文章也不必非要发表，不用刻意模仿他人风格，自己自由地干，往往不知不觉就会做出连自己都感到惊奇的成果来。比如，在2020年3月，我用两周时间做了一件很有意义的事情：把自己探索实践三年的一些治理学校的经验做了集中梳理，15万字的一本书诞生了，这本书在2020年10月由华东师范大学出版社出版了，并且被中国教育新闻网评为2020年度“影响教师的100本书”，该书便是《教育微创新：发现细节的力量》。当然，这14天梳理的文字，并不是那时完全一个字一个字敲打出来的，而是三年秘密思考研究的结晶，是每天晚上都坚持写点东西积淀出来的。

晚上一个人，不会跟其他人有太过密切的交流，这就为保留一些独创性提供了空间。万老师说：“面对流行笑而不语，私下憋个大招。那也许是能让你完成致命一击的武器，也许是你最后的底牌。”

并且，有这个项目在，感觉会很好，你再也不会感到孤独，你会有机遇跟某些事物连接在一起，更为惬意的是，你比别人多了一种生活，也意味着自己的生命被拓宽了、拉长了、增厚了。这是我自己独特的感觉，每天幸福满满，力量丰足。

这是一种文化自觉，是一种内驱性的事业，它需要自己持续地修炼精神，需要发挥忍耐力积累资源，需要把头脑中已经储存的大量素材，在可能的条件下建立连接，那灵光乍现的东西就是你的创造，是你的又一篇独一无二的创作。

写书曾经是我遥不可及的梦想，我甚至以为是此生不可能实现的奢望。我出身农村，从小是在贫穷中泡大的，那时候连买一本书的钱都没有；我也曾经借来他人的书，为了能够满足自己慢慢品读的愿望，就一个字一个字地抄写下来。这样的经历，反而激发了我持续热爱读书的兴趣，点燃了我热爱寻书的嗜好。

人生是不可预测的。目前的我，深陷于一种愉悦的情感中。我经常发现，有的学校教师在“共读”我的著作，有的在开展阅读论坛，有的在征集阅读心得，有的在微信里晒阅读倩影美篇等。我时常在心底乐如花开，我终于实现了写书的梦想。如三月春风般旖旎，天地间到处萌发着生命的气息：我积累的经验，我尝受的苦恼，我收获的喜悦，我创造的主张，竟也有机会通过这种方式漂泊于世、流通四海。有时我会接到陌生的年轻教师的短信或电话，谈读我的书的收获，并且对我表达谢意。有给我送鲜花的，有给我寄美酒的，有拜我为师父的，有约我入其书会的……我知道，我的书正陪伴着他们精神的成长，他们把书也当成了我！但有时我也会惶惶中有些歉疚，我不知书中自己的经历、自己的所思所悟，是否能够真正帮助大家的成长。

这是多么神奇的世界，一本书默默地存在，只是过去的一点印记，而现在，在我的耳畔却时常回响着读者理解她的声音，情感共鸣的声音，这就是所谓“思想”的传播吧！我太不谦虚了，脸瞬间泛起红晕，这是通过一件礼品，搭建彼此心灵的沟通，精神世界就是这样构成的。

生命的链接让我蠢蠢欲动，创作的欲望让我不能自拔。我的读者们阅读的力量启发了我，驱动着我要有勇气，继续自己良心的拷问。

一本本的书终于完成了，看其外在情境是写出来的，但我认为它们是从我内心中生长出来的。这个过程，时刻驱使着我更加真实地表达内心生命的声音，这样，不真实的东西被涤荡出去，缺陷显而易见，无法掩盖。一种自我控制感油然而生，思维的跳跃逐渐内化为清晰的意识和明智的抉择。

每本书都是一个生命体——我自己的完整的生命成长史。书中描述的那些画面、那些情景、那些思考、那些探索，甚至那些羞涩、那些骄傲、那些卑微、那些固执，都是曾经铭刻在心的记忆。

有人说，读着你的书，好像自己的精神不知不觉升华了，沉浸其中，仿佛离开了当下及世俗。

我认为首先应该觉察平静的洗礼，然后滋长行动的力量，再然后是聚焦思想的价值，最后应该是明达生命的通透。过去一直奋力地想远走他乡，现在却越来越愿意自觉地回到故乡，享受内心的呓语，倾听自然的鸣啭，耳畔只漂流着自己的声音——成长的主见。

我的选择坐标开始逐渐地清晰显现，白天上班做好自己的分内工作，晚上做好自己的秘密研究——写书。我的道路越来越宽广平坦，成就自己，影响他人，携手使命自由前行。

写书，丰盈了我的生命。听读者的声音，提升了我的审美。我的论著畅销全国，成为众多一线教师专业成长和心灵丰盈的工具书。我的秘密研究成就了我美好幸福的人生。

教师成长更需学术领导

一名校长来北师大参加校长高级研修班学习，趁周日休息打的找到我，我们在办公室聊了一个上午。话题不外乎做校长协调人际关系是如何困难、所做之事如何不被他人理解、学校干部如何不思进取、教师观念如何难以转变等。作为过来人，我劝慰这位校长："你所遇到的我以前都遇到过，且十分相似。我们可以换个角度思考：这些困难不正是需要我们来解决吗？我们应该感恩这些机遇，多想想如何通过改变自己来化解眼前困境。"

尤其对于教师观念难以转变，不愿意继续学习，上课仍然是"满堂灌"，课堂效率低的问题，我们意见一致。课改搞了数年，大家不知听了多少讲座，去过不少课改名校参观学习，有些学校甚至进行了大刀阔斧的改革行动，可是很多学校的课堂现在仍然是涛声依旧。课堂是课改的主阵地，教学质量提升的主战场，但改进得如此缓慢，甚至总是习惯于退回到原点。我俩不仅感叹，而且感觉无奈。其实，这一年我去过不少省市的学校，看到的这种现象不是个别现象，应该是普遍现象。这是学校校长感觉最棘手的问题，大家似乎陷入无解的境地。

我对这类学校的现状做了分析，共梳理出四大问题：一是学校发展缺乏顶层设计与长远规划，大多忙碌于眼前碎片化或应景式的工作，所做之事仅仅为了当下利益而非远大使命与目标；二是缺乏核心价值观的清晰引领，理念文化系统表达模糊，逻辑混乱；三是学校内部缺乏自己的专业人员指导培训，学术领导力很差，更喜欢现成的经验，原创可操作性的实践探索薄弱；四是干部教师缺乏学习研究的自觉性，学校管理没有信任与尊重，教师创造性成果不能被发现推广，历代教师积累的经验被忽略不能传承下去，学校各项工作总是处于重新开始状态。

下面是河北某县一小学副校长的几段文字，是可以印证当下不少地方学校老师的现状的。从该校长写的文字里，我们也能看到一丝希望的曙光，并不是没有办法来改变个人或学校的现状的。

以前我在我县某小学工作，这是一所农村的完全小学。每天我起早贪黑，第一个到学校，目送最后一个学生离校。校园面积不大，但是很整洁，学校里有一块劳动实践基地，四季有绿色。我们学校的文化主题是“树文化”，“用心栽高洁之树，用爱育栋梁之才”是学校的办学理念，一直没有认真思考过怎么去践行办学理念，当时用 PVC 材质做了一棵茂盛的大树造型，把这句话写在了大树旁边，然后放在了墙上显眼位置的一个橱窗里。学校里各项工作每天按部就班，上级有什么要求和指示，我们都会尽力去高质量完成，基本没有创新。由于这所小学是一所城乡接合部的学校，教师流动性不大，有的教师一待就是一辈子，直到退休。我们学校的教师年龄结构偏大，我当时是岁数最小的，所以学校的好多事情我都身先士卒，我也曾费尽心思想办法激发教师的积极性，让课堂活起来，让学生动起来。但是学校缺乏文化领导力、课程领导力、教学领导力和科研领导力，我找不到头绪和方法，导致我们的老师在一个没有核心价值观、信念、使命和目标的环境里无力、无序地低效劳动，无休止地枯燥地忙碌着。我时常感觉身心疲惫，每天重复着同样的工作，毫无新意，找不到价值感。

我们在恰当的时候有幸遇到了李志欣校长。当时大家都居家办公，通过几次线上的交流培训，我感觉有一束光照亮了我的世界，这是一种一直以来我内心渴望而不可得的教育的期盼、觉醒、改革、成长。

培训首先进行的是学校育人文化的建设。在李校长的引领下，通过任务驱动、头脑风暴培训的方式，我们开启了学校育人文化的挖掘和构建。我们搜集了我县的县志、文化、历史、古代和现代伟人及名人等方面的资料，作为文化建设的支撑材料。接下来李校长针对我校的情况进行了调研，具体调研题目如下：1. 您所知道的地域文化有哪些？县城与学校所在地的特点有哪些？学校未来发展的核心词有哪些？2. 您是否知道市县领导、教育局领导对学校的要求？学校未来发展的定位、方向和文化培育设想是什么？3. 请谈谈您个人的教育思想（或理想），您认为如何体现在学校高质量发展上？4. 请谈谈对文化主题的设想，您倾向的主题文化聚焦的主题词是哪些？如何与地域文化、教育要求、立德树人、课堂课程、学校特点、校长团队等方面进行关联？5. 您所了解的当地知名学校的学校文化主题有哪些？6. 您希望学校文化理念系统表述表现出怎样的风格？7. 与别的学校的教师相比，您希望我们学校的教师具备什么样的气质风貌或共性特点？8. 您希望我们学校的教师在教学方式方法、教育智慧等方面表现出怎样的特点？9. 与别的学校相比，您希望我们学校的学生表现出哪些特点？10. 您希望我们学校的学生在学习方面表现出怎样的特点？11. 您希望五年后的学校成为一所怎样的学校？（请用 3 ～ 5 个关键词或一句话描述）

带着这些问题，我认真搜集材料并深度思考，此时对学校育人文化的构建有了初步的认识：作为新建学校，我们的学校育人文化没有深厚的积淀，但是我们县有悠久的文化根基和血脉，这正是学校文化的力量和源泉呀。之后，我们又对学校进行了 SWOT 分析，此时我们的思路渐渐清晰了，一步一步地迈近学校育人文化的边缘，最终在李校长的帮助下，我们提出“有恒”文化主题，凝练“以有恒之心　育有为之人”的办学理念，并逐字进行了解读。这样，学校的文化建设明朗了，体系化了。在“有恒”文化的基础上，我们继续在李校长的引领下对学校的课程体系进行建构，对学校的德育工作进行探索，对课堂模式进行思考，对教师队伍建设进行规划，对自己的人生重新定位……

渐渐地，我有了些许成就感，也对学校的未来建设和发展有了一些清晰的认识。在这个过程中，我深深感觉到自己读书太少、知识匮乏、眼界太窄、思维定式……所以我逼着自己读书，自己必须充电，以此来填补自己的大脑的空乏，我感觉自己以前 20 多年的教师生涯是那么的黯淡。

大家可能体会到我举这位李校长成长变化的例子的用意了。我是想表达一所学校学术领导的重要性。《基于设计的学校教育：使命、行动与成就》一书中有些关于学术领导职责的观点我比较认同，能够解决我们遇到的上述问题。下面我列举书中部分观点。

• 如果学校想践行使命并缩小愿景与现实之间的鸿沟，我们需要来自学术领导者更多的“领导”而非“管理”。

• 我们并不是说，领导的风格和哲学不重要，或者结果比人更重要，或者愿景比有效的细节管理更重要。我们只是希望，任何关于学术领导力有用的概念，都必须基于以下几个方面：对学校目标的清晰认识、对当前结果的分析，以及为缩小预期结果与现实之间的差距所采取的有目的的行动。总之，无论一个人的领导风格或特定的学校学区的背景如何，学术领导者都只面临一个基本问题：为了实现使命，我作为领导者及我们学校作为一个整体需要做什么？

• 当一所学校或学区已有明确的使命时，学术领导者的首要任务就是去重新激活它，使之成为决策的中心，并确保教职工和其他人不断探索其对学校工作的意义。优秀的学术领导者主要负责不断向教职工提问使命相关的问题，以防止老师们因为过度关注学习内容、应试准备以及传统教育的种种活动而导致最重要的结果落空。

• 一般来说，学术领导者的长期职责是确保教职工的专业性，即在他们各自的课程领域内，根据与最佳实践密切相关且正当合理的标准和原则开展专业实践。由于大多数学校没有一套明确的或协商一致的教学原则，这就需要领导者和教职工一起起草或采用这些原则。这些行动为真正的学习型组织和专业学习团队提供了基础。

• 学术领导者必须通过设计完成改革。基于“设计”的改革意味着所采取的行动是经过深思熟虑的，专注于清晰合理的最终结果。仅仅是劝诫、要求和希望，并不能完成改革。死板地执行早已制订的计划也不会取得成功。因此，改革需要两种矛盾的因素共存：一是坚定不移地致力于核心准则；二是根据反馈不断改变方向、方法和人事安排。

• 领导者必须确保任何学术改革计划都包括一项调整计划。换句话说，必须制定新的结构和政策要求，并鼓励通过获取和使用反馈来不断审查教育政策。长期以来，教育工作者一直与目标相关的反馈相脱离。学术工作必须是结构化的，以确保通过一个内置的调整计划来进行更审视、坚定和有效的自我评估和自我调整。

• 传统教育和学校改革失败的原因之一是人们根深蒂固的信念，如果我们只是让好人努力做好事，一切都会进展良好。然而，事实并非如此。在教学中，卓越的领导力是一种持续不断且深思熟虑的自我修正功能，在坚定不移地寻求反馈的同时，关注清晰一致的目标，从而处理残酷的现实。

• 在这里，和生活中的其他重要领域一样，以身作则是非常必要的。在改革过程中，学术领导者必须做深度探索和学习的示范。不要急于下结论或迅速采取行动，而必须向教职工们展示：在行动之前，一定要认真诊断，并保持对多种可能解决方案的开放性。意思是：学术领导者的工作不是给出解决方案，而是提出问题，要求各方对问题进行深入分析，从而得出解决方案。

• 太多学术领导者仓促地去解决老师们甚至没有察觉到的问题。但只要老师没看到，那就等于没关系。如果老师们没有自己意识到学生表现和课程框架的缺点，那他们永远不会明白我们为什么选择这样的应对方案。这个问题与教学中学生不理解的情况比较像，想办法让教职工理解改革，领导者们往往急不可耐和过于天真，只会将改革的细节告知和灌输给老师。

• 优秀的学术领导者就像最好的老师，反对灌输，因为他们明白，让教师真正理解改革的必要性并提出具体解决方案的智慧是至关重要的。他们要确保教师在理解的基础上达成一致判断。因此，学术领导人的挑战是让教师共有所有的诊断结论，以便任何后续应对方案都看起来自然且习以为常。换句话说，学术领导者必须确保他们自己以及教师真正学习到：极力劝导和信息轰炸并不能达到这种理解，就如同不断给学生施压并灌输给他们大量内容，想以此让他们掌握课程意义并明智地应用它们一样。因此，需要新的体系和支持政策，以确保教师熟悉和习惯新的工作决策和职责。

• 变革很少会持续到变革者换届，无数关于学校教育和学校变革的著作中都提到这一事实。因此，可持续性最能体现学校领导者的长期迁移目标的成效。

• 任何个人或学校的发展，都需要有持续改进的心态。战术的卓越并不是终点，它是一条长路，一条持续改进的漫漫长路。改进和提高并不是一时之功，它的要义是衡量你今天的成果，评估你可资改进的地方，制订一个改进计划，实施它，再次衡量。如此循环下去，永无止境。

我们都应该抱着这样的态度追求自身和学校的成长与改进。因此，我对来访校长想运用“小先生制”来改变目前学校遇到的窘迫，提出了保留意见。我的建议是，引领教师在认真研究课标和解读教材的基础上，回归到学习目标、问题凝练、活动设计和嵌入式评价设计等关键性、真实性、本质性问题上来，而非用一些所谓的模式来调动教师和学生的主动性。当这些属于学术性的问题得到一致性关注和解决后，老师们用何种模式或方式，那是他们的自由选择。我的观点，契合了学术性领导者的职责——运用学术领导力来“领导”而非“管理”教学改革。

PART 5

第五辑

为教师专业成长赋能

导语

唐彬哲在其《赋能》中指出:“知识就是力量，而赋能则是将这种力量释放的钥匙。”赋能使自己或他人从“不能做、不会做”变为“可以做得好”，提高工作效率和个人能力。

赋能可来自外部，如学校、学校文化和学校管理者的理念，特别是对教师而言，这些是最有可能赋能的力量。例如，学校通过“生成的理念”激发教师生命活力，在积极的文化和信任的氛围中，教师形成主人翁精神，自觉行动，形成独特的教育教学风格，保持积极情绪，获得职业幸福感。同时，学校精准的课程理念引领教师进行有效专业探索，形成独特的课程观和创造意识，促进教师自我成长。

此外，自我赋能也很重要，视自己为组织，从管理者的角度对自己投资，通过学习和深度思考，推动自己进步，成为更强大的人。

笔者揭示了日常行为由量变到质变的巨大能量，包括教育理论和教学原则、教学经历、教学主张，以及日常教育教学行为中的念头和灵感，这些都能为自己带来巨大能量。要意识到微习惯和日常微小改进的力量，认识到习惯是自我提升的复利。有了自我赋能的意识，随时随地都可以是学习的天地，书房变成生命成长的“栖息地”，丰盈精神，净化心灵，修炼心性。

自我成长的观念促使教师用正确、积极的价值观推动自己奋斗、“内求”，拓宽生活领域，即使做看似“无用”之事，也能吸收“有用”养分，激发自我生命成长的积极性和动力，在研究和改造自身中赢得自身认同，从而做自主的教育改革者，做传统文化与教育智慧的传承者，做教育改革的创新者和探索者。

让日常行为产生最大专业效益

我曾在某个学期末参加了几个教研组的考试成绩分析会，大多教师就班级学科检测成绩进行了关于平均分、优秀率和及格率的数据分析，按照优等生、中等生、学困生、边缘生的分层方法，进行了学情方面的语言描述分析。在此不具体介绍考试成绩分析报告的结构是什么、用什么方法进行分析等专业性技术问题，这可以在网络上找到许多文章学习，也有一些现成的试题分析报告案例可资参考。

我主要是想说，报告缺少对试卷中具体试题的命制意图、特点、趋势等方面的梳理解读，以及这一试题不同层级的学生的得分情况、失分原因等方面的数据整理与分析。没有涉及试题与教材、课标的关系，分析出考试改革的新理念与方向。没有找到或发现学生普遍存在的问题与个性化问题，并通过这些问题反观这一学期教师教学和学生学习到底存在哪些失误与不足：是教学管理问题还是观念问题？是精力不够还是方法欠妥当？是效率问题还是评价问题？阐释的理论与实践脱节，在不精准的问题描述化分析和粗略的数据分析下，没有提出可操作性、实效性、系统性的解决策略和方案。尤其是缺乏对自身观念和行为的反思，没有从日常的教研活动、教学设计、作业设计、评价反馈、分层教学、教学方式等渠道，制订出针对性改进计划。没有策划如何通过学习理解新课标的理念和标准，研究探索“低负担”下的高质量教学范式。

这样的质量分析活动，可能是一场已经低效重复多年的习惯性的教研活动，缺乏专业性标准。这样的活动，教师在专业上不会有多大收获。由此，我想到了很多类似的教师教研活动，如作业布置随意化、备课方式形式化、评课行为虚伪化、研究过程应付化等。教师们在这样日复一日、年复一年的时间中平静度日。本来富有创造性的教育教学生活，却在这样的环境氛围里，让一些教师满足于小富即安的现状。

作为一名教师，应该明白使用数据对教学决策和教学改进的基础性作用，我们进行试题分析，不是仅仅满足于“不错”的要求，而是要寻求精准的数据、实用的信息，达到“很好”的结果。教师应该承担结果分析者的角色，积极参与到分析数据和制订改进计划中来，更好地了解和掌握学生成绩的数据，高质量地完成教学任务和目标。

考试结果的分析与评价不能止步于分数和排名，更重要的是产出更多、更准确的有关学生核心素养发展的证据。教师要基于这些证据开展学情分析，并聚焦核心素养调整教育教学工作，指导学生分析自己的优势与不足，调整学习方式，进一步提高教与学的科学性，推动教、学、评的有机衔接。

而我参加的这类教研活动中，时间既没能用来消费，更没能用来投资。我说的消费，意思是指拿出时间去看一本喜欢的书，去满足自己的兴趣，提升自己的做事质量。我说的投资，是指在有效的时间内，尽可能地去专注地做好一件专业的事情，可以获得创造性的东西。换句话说，这样的教研活动没有赢得最大专业效益，形成解决某种问题的可行方案，通过反复实践探索，经历透过表象的本质思考，转化为成果或产品。这种思维方式，重点不是眼前的具体问题或任务，而是一个能够解决未来可能遇到的问题的方案，甚至是一个自己的愿景或使命，日常的一些策略仅仅发挥“工具”的作用。这是一种成果思维方式或产品思维方式。

也就是说，分析与评价活动要加强评价结果的分析与应用。一是加强对于评价结果的分析。如夯实考试分析，不仅要分析“一分三率”（平均分、合格率、优秀率和高分率），还要对试题和试卷的难度与区分度进行分析，反思命题工作；要结合细目表进行深入研究，了解学生核心素养的发展情况。二是探索多元化的呈现方式。对于评价结果，既要摆脱以往的分分计较，也不能简单地划分等级，而是要为学生提供更多、更有效的反馈信息。

三是利用评价结果改进教育教学。教师需要结合学生学业评价结果，分析自己教学的优势和薄弱环节，及时改进。

可以再举两个例子，供大家理解，提供给大家可以效仿的策略，以期举一反三，能够在日常行为中产生最大专业效益，成就自己有意义的教职人生。

比如在听课时，除了记录基本信息，我对教学实录则根据听课目的选择性记录，记录详简情况与评课目的搭建联系。在听课与记录过程中，对这些内容刻意进行结构化，听完课即形成评课的思路。这些思路以关键词或关键句的方式记录下来，重点是听课过程中自己对授课教师课堂的分析、感悟和评价，形成的教学点评对应教学实录记录在旁边。点评文字不拘泥于内容和形式，可以是优点和缺点，也可以是建议和意见，重要的是一定要把自己的真实想法、感悟、观点和评价写下来。同时，要体现自己独立清晰的教学视角，把自己多年积淀的教学理论、教学主张和教学评价体系有逻辑地梳理出来。点评完教师的课后，还要找个时间写一篇听课反思性文章，此时不仅回顾授课教师的实践情况，更要把自己思考出的教学思想和理念融合进去，做到既对授课教师的课堂实践探索进行提炼，又可以借此提升自己的认知理解能力。如果遇到思维障碍，可以上网搜索相关文章参考借鉴其中的理论。文章完成后记得与授课教师和其他同事一起分享。好的文章还可以投给相关报刊寻求发表的机会。我的论著《课堂高手是怎样炼成的——一位特级教师的教学观察与思考》（华东师范大学出版社 2024 年 1 月出版）就是这样积累完成的。

时间久了，达到一定的积累，会发生质变的效果，学习得来的教育理论和教学原则容易转化成实践中的策略和方案，再通过教育实践反过来反思理论的价值，深化对理论的认识，也容易在自己的教学经历、理论学习和反思验证中形成自己的教学主张，构建自己的教学特色。如果在自己的课堂实践、讲座分享、课题研究与课程建设中，还能够做到遵循自己的教学主张，并做到分享、呈现、表达自己的教学主张，就走上了追求自身专业发展目标的道路，这样的做法达到了日常各种教育教学行为的关联与促进，可以充分地发挥自己的专业效益，更迅速地提升自己的专业素养。

再比如，张家海老师在其文章《如何把一本专著读出最大专业发展效益》中，阐述了阅读的专业发展效益问题，撰写本文也是源于张老师文章的启发。在文章中，张老师有两个自我追问："张老师，您说阅读一本教育专著，究竟对教师专业成长起到多大作用？怎么做才能真正发挥出一本教育专著的作用呢？"这样的追问很有力量，指明了教师读书最重要的意义和目的。

张老师认为：读一本书，可以结识一群学者（走近一位作者，邂逅一群读友，对话一批大师）；读一本书，可以照见一个自己（照见自己教育教学功力的虚浮，照见自己教师专业发展能力的缺陷，照见自己知识文化底蕴的贫瘠）；读一本书，可以输出一批成果（输出一则读书笔记、输出一篇读后感悟、输出一份深度作品）。

这与我的阅读观点不谋而合。我一直遵循一个观点：教师可以把自己阅读的一本书作为教育教学实践改进的工具。我经常这样做：选择一本书，把里面的理念与方法用在自己的实践探索中，转化成符合自己需要的策略。让阅读有现实的回报，提升了自己阅读的信心和兴趣，让自己的实践工作有了可依据的观念和理论，尤其是自己的专业发展获得了最大的效益。

稻盛和夫说过："通过坚忍不拔的努力，把念头和灵感变成有形的东西。"当你阅读完这篇文章，或许会产生试试的想法，相信你也知道怎么做了。那就让我们一起，朝着这个向上的方向积极探索，持续发力，最大化地为自己的专业成长赋能。

“生成的理念”才能焕发教师生命活力

有一位学生家长告诉我，学校换校长了，以前学校开设的某些校本课程被取消了，取而代之的是其他类型的课程。学校开设哪些校本课程并不是问题的焦点，只要这些课程都是优质的、学生喜欢的就好。关键问题是以前的有些课程已经在该校开设好几年了，学生从低年级就持续跟进这些课程的学习，已经对这些课程产生了浓厚的兴趣，形成了良好的基础。但是校长的更换导致理念与课程的改变，学生喜欢的课程因此停止，这才是根本的问题。

上任校长之所以主导开设某些校本课程，自然是基于学校的文化与校长的办学理念，基于学校的育人目标而选择的。新任校长之所以更换某些课程，可能也是基于这个原因。就两位校长个人来说，都没有问题。但是相对于学生来说，因为校长理念的更替，课程随之有了更新，有些学生就不得不重新选择其他课程，而放弃了自己坚持学习多年的课程，导致兴趣丧失，能力与素养得不到持续进阶，影响了学生终身志趣的养成。

而对于教师来说，也会因为学校办学理念的更迭表现出不适应的问题，本来备受学生喜欢、开设多年的课程不再被重视，甚至会取消，这便中断了教师课程成长的机会，阻碍课程向更深处发展。学校课程改革目标的变化，也会让部分教师不知所措，变来变去的想法和做法让教师不再专注于某一稳定的研究，变得应急从事，不利于诞生自己的成果。

我也经常听到有些学生与我交流，他们在某个小学参与的诸如京剧课程、武术课程、排球课程等，到了初中就没有了，他们想继续学习，却没有了机会。这是因为小学与初中的育人理念和育人目标没有有机衔接，每个学校和校长均根据自己的学校情况和教育理念开设校本课程，从而中断了一些学生喜欢的课程。

有的教师也曾向我诉说：“一个校长一个理念，我们不知道到底怎么做更好，什么都做不彻底就又变了，这不是在折腾自己吗？”不得不遵从学校指令，创造性的实践与研究只好搁置起来，循规蹈矩成了常态，教师的积极向上的活力受到了影响。

以上两种情况，让我思考一个事实，一切课程与教学、制度与运行、教师与学生发展、文化与环境构建等，都应该是某一特定理念统领下的产物和表现。理念是学校追求高品位发展的佐证，是学校文化发展的一条可行之路，学校如果换了校长，新校长是否理解或认同前任校长的理念？不同学校之间校长的理念是否能够交流融通？这是目前多数学校遇到的尴尬问题。于是，曲折发展、缓慢发展，甚至雷同发展，就成了学校持续发展过程中的常态现象。

更为严重的是，我发现有的学校理念与学校文化展现不匹配；有的学校理念不够系统，概念阐释得不够科学；有的学校理念只是词汇的累加，更迭频繁；有的学校理念是少数人的作品，甚至是广告公司的“杰作”；有的学校理念跟不上时代发展步伐，视野狭窄、思维固化、陈旧乏味。当然，我之所以罗列上述现象，并不是不认可这些学校的理念营造，其中的确也有一些闪亮的、值得学习的东西存在。我的目的是提出一个命题：理念是搜集现成的，是在实践前就定好的，还是应该在实践与顿悟中诞生的？我之所以提出此命题，还是担心学校育人目标与课程实施的问题，如果没有可资继承的文化传统与办学理念，换一个校长就另起炉灶，或者盲目标新立异，持续跟进的学生课程就难以保证，育人效果自然会大打折扣，就会影响学生的全面发展和个性成长。

在与一些校长沟通的过程中，我发现，他们都会首先谈到理念问题，然后才谈到制度、教学、课程、教师、学生等。为什么这样呢？我认为，这是必然的，这是新时期校长的文化觉醒。一所学校、一名校长如果没有清晰、先进、适合学生发展的理念，这所学校就必然缺乏灵魂，就不知道往哪儿行走。在没有明确理念的学校里，其一些行动必定是零散的，是阶段性、低层次的。而真正意义上的学校发展，应该是在继承传统的基础上，不断创新；应该是在创新的基础上，不断修正、积淀传统，最后把一些体现理念的活动、仪式、符号、组织、制度、课程、气质等整合成属于自己学校特质的文化。而且这些文化始终是在一种理念影响下自然生成的，是学校所有教职员工思想中流淌出来的价值观和行为文化。

当一所学校拥有了这种意义上的文化，它便是独特的，它就有可能拥有自己整套的习俗、积极的道德观念和独特的道德规范。学校就能成为成熟的学校，就能全面、和谐、可持续地发展。可见，只有生成的理念才是最有生命力的。它可以让学校不因人和环境的改变而改变，它使这所学校永远是一所好学校。

有的离任校长向我吐槽，他在任期间的理念被新任校长否定了，感觉很可惜。也听到一些新任校长向我诉苦，上任校长的理念不好继承，需要构建新的理念。我告诉他们："被否定了是因为你并没有继承你的那些前任校长们和老师们一起积淀生成的理念，不好继承也是因为你没有挖掘前任校长们和老师们积淀生成的理念。"

我不否认，搜寻一种现成的先进理念，让它来统摄学校的一切，是学校文化发展的一条可行之路。但是，我更认同去捕捉这些生成的理念。因为它们是学校发展的自然产物，是从教师思想中流淌出来的真情实感。学校发展理念在发展前出现还是在发展后出现，其语言是美妙的还是富有哲理意义的，都显得不是那么重要。关键是学校思想与行为的自然生成。这才是学校追寻文化发展的真谛。这样的学校不会因为人事变动而发生变化，它会永远发展。这是校长进行学校文化建设的基本功。

当下，有些学校教师对学校文化建设和课程开设均缺乏发言权，改革者为教师们提出了具有强烈色彩的新理念、新要求、新规范、新方法，但是教师们无法为自己的行为提供属于自己的理由，他们不得不等待他人为自己完成解释。这种等待，这种外在强力作用，不可避免地造成了学校文化话语贫乏现象。其结果自然也会造成一个学校内换一个校长换一个理念，换一个校长换一种做法的现象。

学校课程是否与学校历史传统下的育人目标和核心价值观相匹配？这些课程是在学校自由研究状态下自下而上生成的，还是校长自己的理念自上而下的产物？其实我想表达的真意是，这种现象是教师真正理解学校积淀的文化和生成的理念下的课程改革自觉之举，还是学校一时的行政推行产物？是充分尊重教师话语权和学生成长选择的课程，还是人为累加的外在力量催生的课程？

只有当学校课程在更换校长之后仍然成为学校的常态文化现象，上述追问才有真正的答案。而这些答案正是当下和今后学校优质均衡发展的关键之举，这样的学校才能焕发无穷的生命力，才会充满教师作为课程领导者的声音，才是教育高质量发展的文化源泉。

借董洪亮老师的观点，作为我结束本文的梳理："教育是一个话语的过程，是一个话语的世界。但是当下这个话语世界充斥着太多'归于沉默的声音、广泛传播的声音，也不乏古往今来被视为经典的声音'，它们形成了一座巨大的漂浮在海上的冰山。当我们在不假思索地称颂着经典的声音、权威的声音，为那些精彩的声音痴迷地呐喊的时候，却不能看到冰山的海面以下部分，不能听到所有声音。一些声音确实会在事实上掩盖另一些声音，但是这种掩盖没有经过思想的论证，如果我们听不到教育世界的全部声音，结果是我们不能真正地理解这个世界。"

因此，我们必须把教育世界和生活归还给他们的主人，即每一名教师，由每一个教师完成教育的话语解释行为。要不断关注和善待教育世界中所有人的那些原初的问题，切记不能用一些形式化的场面、个人立场的垄断，掩盖常态的真实问题。只有这些原初的问题显现出来，并被表达和解决，我们的教育世界才会真正热闹起来，那将是一个百花齐放、百家争鸣的美好世界。

构建并落实“微习惯”体系

人们很容易高估某个决定性时刻的重要性，也很容易低估每天进行微小改进的价值。我们常常说服自己，大规模的成功需要大规模的行动。为了实现目标，我们都会给自己施加压力，让自己努力做出一些人人都会谈论的惊天动地的改进。

读詹姆斯·克利尔所著《掌控习惯：如何养成好习惯并戒除坏习惯》一书，多数内容与道理还是很容易理解的，时常感觉不过如此。但是有一个计算公式还是触动了我。

书中说：“改进 1% 并不特别引人注目——有时甚至不引人注目——但它可能更有意义，特别是从长远来看。随着时间的推移，一点小小的改进就能带来惊人的不同。计算方式是这样的：如果你每天都能进步 1%，一年后你将会进步大约 37 倍。相反，如果你每天退步 1%，一年后你会几乎归零。一场小小的胜利或一次小小的挫折会积累成更大的能量。

“习惯是自我提高的复利。就像金钱借助于复利倍增一样，你的习惯的效果也会随着你不断地重复而倍增。在一两天的时间里，你觉不出任何不同，但在数月和数年后，你会发现它们对你产生了巨大影响。只有在过了两年、五年或者十年后再回顾时，你才会发现好习惯的价值之高和坏习惯的代价之大令人瞠目结舌。

“我们做了一些改变，但总是迟迟不见期待中的效果，于是我们失去了改进的动力，退回之前惯常的做法。但是，你的日常习惯稍有改变，你的人生道路就会通向一个截然不同的终点。在你做出 1% 向好或 1% 向差的选择时，在那个时点来说它并不起眼，但纵观你无数个时点构成的整个人生的过程时，你的那些选择决定了你是谁和你可能是谁之间的不同。成功是日常习惯累积的产物，而不是一生仅有一次的重大转变的结果。”

书中提到“微习惯”这个概念：“习惯就像我们生活中的原子。每个基本单元都对你的整体进步有所贡献。起初，这些细微的惯常举动看起来微不足道，但很快它们就开始相互依存，为更大的胜利注入动力，其翻倍扩张的程度远远超过了最初投入。它们微小，但很强大。这就是‘微习惯’一词的含义。也就是说，它是一种有规律的练习或惯常举动，本身微不足道且简便易行，却是不可思议的力量之源；另外，它也是复合增长体系中的一个组成部分。”

这就构成了“微习惯体系”，你要做的，不求拔高一个目标，而是落实你的体系。随着你持续将微小的变化层层叠加，人生的天平开始偏移。每次改进就像在有利于你的天平的一侧添加一粒沙，使它慢慢地偏向你。假如你能坚持下去，最终你会达到产生重大偏移的临界点。突然间，坚持好习惯变得轻而易举，整个系统开始偏重你，不再与你作对。

也就是说，成功不是要达到的目标，也不是要跨越的终点线。它是一个让人得以进步的体系、精益求精的过程。这是一个连续不断的过程，没有终点线，也没有永久的解决方案。一圈圈地循环发展，让好习惯显而易见、有吸引力、简便易行、令人愉悦，不停地寻求用来获得 1% 的进步的新方法。

假如你不停止健身，你将拥有一副强健体魄；假如你不停止学习，你能汇聚知识的宝库；假如你不停止储蓄，你将积少成多，得到一笔巨款；假如你不停止关爱，你的朋友将会遍天下。小习惯不会简单相加，它们会复合。

我们容易为自己的好习惯不能坚持，甚至坏习惯寻找主观理由，其中的本质是这样的：当一个习惯对你真正重要时，你必须愿意在任何心情下坚持下去。比如，我懒得写的文章也不少，但我从未后悔按时发表。有很多天我都想放松一下，但我从未后悔准时到场，努力去做对我来说很重要的事。

学习至此，我开始努力重新寻找自己。当你一生都在用一种方式定义自己，而这种定义消失了，你现在究竟是谁？学校的教师无视创新的教学方法，固守其久经实践检验的教案；资深经理执意要自行其是；外科医生拒绝年轻同事提出的建议；一支乐队在发行首个震撼人心的专辑之后便固步自封，再无创新。我们越是执着于一个身份，就越难超越它。

重新定义自己的身份吧，去冲破阻碍你前进的执念。“我是运动员”变成“我是那种精神坚强、喜欢身体上的挑战的人”；“我是首席执行官”变成“我是那种制作和创造东西的人”；“我是一名老师”变成“我是一名师德高尚、热爱学习、坚守教书育人信念的人”。

习惯带来了许多好处，但缺点是它们也会让我们陷入以前的思维和行为模式，不能跟上时代前进的步伐。一切都是无常的。生活在不断变化，所以你需要定期检查一下，看看你固有的习惯和信仰是否还在为你服务。这就需要有自我意识，有反思和回顾的习惯。

其实，多年来我一直遵循上述理念，把“微习惯”作为我学习、生活与工作的一个切入点，甚至可以说是我从事各项活动的工具，从而开启了一系列“微创新”“微改革”，我还习惯以欣赏的眼光发现、对话、记录。

比如校园微环境的改造。“静静挂在枝头的桃子”是北京市育英学校的校风，这个校风背后有深刻的内涵：指向学生是懂规矩、有教养、守礼仪；指向教师是以身示范，为人师表；指向校长是心无旁骛，静心办学。

北京市育英学校密云分校作为一所名校的分校，我从延续“静静挂在枝头的桃子”这一校风出发，改造校园环境，让环境和空间能真正为人而存在，让人与环境互动起来。

在我校，有这样的令人惊奇的教育细节：走进初一年级一班，你会发现每个学生的座椅上都系着一块同一颜色和样式的棉座垫。原因自然是班主任想到了冬季木质椅子会凉些，或者是因为担心学生坐时间久了会感觉不舒服。

再到操场上，你会看到一个班在跑步时，每个学生都戴着白色手套，除了穿着统一的校服外，外边还统一套穿着一件红蓝相间的棉马甲，既美观又防寒。这个班还是初一年级一班。

从以上细节可以看到该班班主任的用心与用意，体会到班主任的爱心与智慧。细节的教育力量换来了该班良好的班风，做什么事都异常团结，一丝不苟，且与众不同。在任何时候走进这个班，都会感觉到它的安静与自觉。人员到班齐整，进班就开始读书学习，即使班主任偶尔不在场，这个班依然能够做到井然有序，有板有眼。听有的教师说，当初一年级外出去参加社会大课堂活动时，这个班的每一名学生都拿着一本书，在去回的路上，每个学生都安安静静地坐在车里的座位上读书。这个班的气质很快就与其他班不一样了，良好的班风因为细节的力量变得越来越好。

初二年级一班，班主任刘老师从初一开始，每天大课间跑步时都亲自跟着自己的班级队伍跑步，在我的印象里，这个班主任是最能坚持跟班跑步的人。因为她的坚持，她的班始终是该年级跑步跑得最整齐的一个班。还有初三年级四班，因为其班主任王老师长期坚持对自己班的跑步姿势、口号、排面、摆臂、集合和解散等细节，有最高的标准，有最严格的训练，因此该班的跑步质量一直是全校最好的，从开始跑到结束，任何跑步拐弯中，始终像一块“豆腐块”一样，紧紧地凝聚在一起。这两个班因此也形成了良好的班风，各项工作都会开展得顺利，走在前列。这就是坚持习惯的教育力量。

看来，关注班级管理中的细节，再加上长期的坚持，教育才会产生力量，而这种力量是无坚不摧的，这种力量形成了教育精神，化为了教育理念，凝练出一个个优秀的班集体。

如果每一个班主任都能明白这个道理，就像文中的三个班级的班主任教师一样去思考细节、坚持行动，真正的教育诞生了，立德树人的班本实践经验之花就会在校园里竞相开放，良好的校风就会形成。

这正所谓：致广大而尽精微。着眼于“微”，不求惊天动地，但求日益精进；发力于“创”，少些抱残守缺，多点勇于担当；指向于“新”，基于教育常识，重构理想样式。

让书房成为生命成长的“栖息地”

大家阅读本书的文章时，可能会有一个疑惑，或者是会有一种需求：既然是关于教师进阶成长的书籍，为什么少有课堂教学实操层面的文章，少有课题研究具体方法方面的文章，也就是没有更多地从实践层面手把手的建议或策略？其实，这正是我撰写这本书的初衷，那些技术层面的文章或论著多得汗牛充栋，大家如果需要的话可以随时搜寻或购买。日常教师参与的培训学习，更是以此方面的培训为主，大家多追求快速的效果，立竿见影的技术。

我也明白这些技术的重要性，对于一名一线教师来说，可以说是必不可少的。但是也有如下现象：不少人学了多遍，却仍然学不会；有些人学会了，等自己的那些功利性的任务完成后就束之高阁，再也不愿意用了。学不会的人抱怨这些技术很难，不该属于一线教师范畴的学问。学会了的因不想进一步精进而懒得再有突破，因曾经的优秀耽误了自己走向卓越的道路。

如果要问什么原因的话，下面的解释也许对大家有所启发：“术”固然重要，但离不开“道”。完全功利性的学习，追求快速结果的学习，其效果就不会明显，其生命力更不会长久。只有人的精神成长了，心灵自由了，在完全清明、没有任何野心的情况下，那些所谓的技术性的东西，才会学起来不难，因乐在其中，自由自在，便持久下去，知行弥合，达至深刻，攀至高峰。

人的专业成长需要精神成长跟得上。如何才能做到呢？在这里我打个比方。我老家在山东省东营市，那里是黄河的入海口，黄河带来的大量泥沙，让这里拥有了世界上最完整的湿地生态系统。尤其是金秋的黄河口，眼前是一派人与自然的和谐图景。随处可见滩涂边天鹅与白鹤在此或是独自凝望驻足，或是三两闲适漫步，亦或是振翅翱翔向远处。群鸟飞起，好似黄河水中飘出的音符盘旋于空中，伴随着幽幽长啼飞穿秋日艳阳。大天鹅、丹顶鹤、东方白鹳……众多的珍稀鸟类于此栖息。漫步湿地，群鸟或驻足，或翱翔，这里是绝美的候鸟云集地。

我无意对家乡风景进行宣传，只是我一下子捕捉到一个词“栖息地”。那些候鸟落户黄河口湿地是作为自己的“栖息地”的，作为读书人的教师是否也要有自己的“栖息地”？这让我想到了“书房”。扬之水老师的文章《书房，是一个人对世界最后的抵抗》中关于“书房”的解释以及他阐述的观点，给我启发很大。

所谓“书房”，不仅指藏书之所；书房的不同，在于它是为人设，而不是为书设。那么一个属于自己的、可以在其中静心读书的所在，便是书房。

文人的书房，其实意不在书，而更在于它的环境、气氛，或者说重在营造一种境界。“室雅何需大，花香不在多”，自古及今，书房并无一定之规。富者可专门筑楼，贫者或室仅一席，或造于山间，或藏诸市井，不一而足，但总有一点是书房应有的品质，那就是清雅。这样一个绝无功利之心的小小空间，读书实在只是涤除尘虑的一种生存方式。

……

当下生存的紧迫感，让人不得不奔走于眼前的俗务，人们便在书房以对器物的鉴藏，感受历史的沉淀，时光的斑驳，涤荡俗虑。

因此，越是繁忙的时代，人们越需要一块精神的自留地，一块放下世俗烦冗和忧虑的燕居之所、独处之地。

不只为读书，更重要的是，在读书的意境营造里，远离功利与喧嚣，在极为有限的空间中，享受无限宽广的精神自由，逃脱尘俗向下的拉扯。

曾经去哈尔滨五常市指导几个学校的工作，五常市教育局局长张忠涛邀请我到他家参观他的书房，我有些惊异，我急切地想看到这到底是一个什么样的书房。张局长打开门，我们换好拖鞋。哇，真的不一样啊！不算大的客厅里，最显眼的是墙边高高的书柜，每个格子里摆满了经典论著。书柜之间是一张长方形木制桌子，两边各四把椅子，桌子上铺着传统色彩的桌布。桌子上放着两个笔筒。客厅前方是餐厅，很小。客厅里再没有其他的物件了。电视机，没有；沙发，没有；茶几，没有。

不大的客厅，却是书房。或者说，书房就是客厅，客厅就是书房。张局长说："这个书房叫'四海书房'。"我顺着张局长的目光看到了房门上方的牌匾。张局长兴奋地说："这是我小女儿为书房起的名字。"张局长还领着我参观了他自己的卧室：一张床，一张桌子，桌子上面铺着练毛笔字用的毛毡，桌子上其他物品就是书了。床上方墙上挂着一幅字。

我们就座，边喝茶边聊天。除了聊教育，聊孩子，就是聊读书，聊成长。在这里，还能聊什么呢？张局长家的两个女儿都健康成长，阳光大气。在这样的家庭环境里，能不如此吗？我悟到了张局长的家庭教育密码。从客厅的布置理念、书柜里摆放的书，他们求真求善求美的样子很容易就能想象到。

诚然，张局长自任职以来，通过大力推动读书来撬动全市学校教育的发展，30 多所学校都有了高标准、多功能的校园图书馆，所有学校全体师生掀起了"读书成就未来"的阅读活动。更为感人的是，张局长从自己的客厅布置空间理念重构出发，带头建构家庭学习中心，这是五常市全教育系统"阅读改变教育"这一伟大行动的出发点。张局长说："打造学习型的家庭生活环境是需要有些学校带头创造经验，切切实实做起来的。"我说："这是一件功德无量的行动，会改变五常市的未来社会文化生态的。"

我一直认可十二美学知库创始人王樱洁女士的观点：每一个家庭都应该有自己信念的空间，与家人共同发现每日生活中美的因素，静静地思考这间屋子里每个人的生活，把对未来所期待的生活智慧整理应用在当下。书房的角落、客厅的沙发、墙上的作品……空间可以凝聚人心、温暖赋能，刻意营造独特美好的时刻，承载精神层面的无穷无尽的能量。

重新梳理家庭环境的功能模式，尝试着被这个家所蕴藏的空间文化魅力感动，开启新的家庭生活模式，重塑家庭组织文化，共创“美好生活策略”。把这个家营造成一个学习中心，打造学习型的生活环境。在这样的家庭文化熏陶中，我们的孩子就能够唤醒自身潜藏的天赋与力量，开拓出充实而精彩的人生之路。

在花费不大的前提下，为家庭空间系统规划各种便于工作和学习的细节功能，环境营造不仅要唤起内心审美，还需要设计一套驱动每个人生活方式和学习方式的行为路径，建立起微妙的关联性、规律性和系统性。

这当然很难，尤其是对于一些农村家庭。但是，从张局长家“住房变书屋，客厅成书房”这一实际行动看，这又开启了一种可能，即把客厅装修布置理念转变一下，客厅与书房合二为一，把客厅建成一个以读书、藏书为主的多功能空间。

如果在五常市，学校、家庭，甚至是社区，都行动起来，重塑未来工作、生活、学习方式，有越来越多的家庭参与进来，那么，我们的学校的教育就会迎来一场全新的革命，真正能够与未来的时代发展轨道顺利接洽，那才是真正美好迷人的教育。

在感慨张局长书房的同时，我也需要自我“炫耀”一番：在我家里，也有一间属于我自己的书房，美其名为“知北斋”，我准备请一个书法家撰写这三个字，再如张局长那样，做一块牌匾挂在书房门上面的墙上。我每天下班回家后的晚上，一定会在自己的书房里待上一段时间，读书、写作、思考、喝茶、练字。我把这样的时光当作生命成长过程中必不可少的一部分。在这里，内心平静，远离喧嚣，调整精神，诞生智慧。

房间面积虽然不大，但它却是我整个的生命世界。有了丰盈的精神成长，那些技术层面的知识与行为便可有机会得到提升与促进。因为有了“书房”这个地方，时间就会奇妙地多起来，学习能够持续下去，自己的生命遇到如黄河口湿地那样的良好生态，从而得以健康成长。

教师积极的价值观是前行的力量

一个寒假一直阅读一本论著《反脆弱：从不确定性中获益》，其中的一些观点让我重新思考过去、当下以及未来的一些问题与事情的内在逻辑和行动目标。

这个世界越来越给人一种具有冲击力的感受，就是它具有不可预测的随机性、不确定性和波动性，我们会去想办法躲避它，甚至还有想去消除它的欲望，但是，这是完全不可能的，因为这是大自然需要健康持续进化的选择权，否则，世界就会慢慢走向灭亡。

由此想起我们的学校，也许我们都有一种习惯性的感觉：教育是一种慢的艺术，是相对稳定的一个系统。这种思维方式导致教师学习意识缺乏危机感，自以为以前学过的永远能够满足不断变化的学生的需要；导致教师感觉不到社会的日益变化，"温水煮青蛙"的状态成为享受的常态，成长缺乏自主性与自觉性；导致教师太想利用一些机械、过时的标准控制压抑教育的个性发展与创造性前行。也就是说，破坏了自然进化功能对教育的恰当调适，隐蔽了教育系统也存在随机性、不确定性和波动性。

大自然懂得利用它们、适应它们，而教育却想战胜它们、躲避它们，总是希望通过一些外在的评价、繁杂的制度、过分的管理、混乱的指挥，遵循自上至下、从外到里的强力推动、被动落实、低效重复。其实，一些看似平稳良好的秩序，仅仅是表面的现状，一些矛盾、问题隐藏在水底，对随机性事件反应缓慢，甚至熟视无睹，因此有时不能把握秩序、掌控局面，引发一系列学校管理、家庭教育和社会治理问题，全社会性的教育焦虑与烦恼接踵而至，难以良性循环。

教育需要学会不断选择和更替、试错和重组，需要一个能够不断利用随机事件，不可预测的冲击、压力和波动实现自我再生的机制，而不是在凡事听从命令、严格遵照统一制度、不得不接受固定评估督导的模式下运行，应该给予教育自然进化的机会和空间。

《反脆弱：从不确定性中获益》一书有此观点："机制复杂会导致意想不到的连锁反应。由于缺乏透明度，干预会导致不可预测的后果，接着是对结果中'不可预测'的部分致歉，然后再度出手干预来纠正衍生影响，结果又派生出一系列'不可预测'的反应，每一个都比前一个更糟糕。事实上，越简单越好。"

不知你是否有这个发现：教师喜欢说"以前就是这样做的""其他人都是这样做的"这种论点。具体到学校这个系统内部，也会常常发现一些互相不信任的现象。"他们生活在琐碎的执着、嫉妒和冰冷的仇恨中……随着时间的推移，在这种整天与电脑屏幕打交道的孤独中和不可改变的环境中，他们越来越僵化。'认可'和'信用'等概念和抽象的事务则围绕着学者们，一种没完没了的竞争氛围就此形成。"这些有时让我感觉到了窒息，但是仅仅凭借己身之力又难以改善，苦恼伴随着我每一天。

论述到这里，我想，这些流行多年的观念、思维和习惯应该得到彻底转变，我们教师应该发挥好自身的能量，拥有一种成长型思维品质，充分意识到当下乃至未来社会、教育的不确定性、随意性和波动性会带给自己的危机与风险，争取自己人生的积极的成就，享受充满激动和变幻的教育人生。

在此，我想分享《2021 年，中国即将发生的 45 个重大变化》第一部分"个人篇"中的部分观点，大家可能从中受到一些可贵的启发，毕竟教育是社会的一部分，教师更应该与时俱进，适应这个日新月异的世界。

• 对于每个中国人来说，传统奋斗的五大关键词是背景、学历、资源、人脉、资历，今后奋斗的五大关键词是知识、创新、独立、个性、理想。

• 中国人正在由“外求”变成“内求”。外求即求关系、求渠道、求机会，内求即是要激发起自己的兴趣、热情、希望，当你做好你自己，外界的东西就会被你吸引过来，这就是所谓的“求人不如求己”。

• 中国正在兴起大量自由职业者，社会的基本结构从公司＋员工，变成了平台＋个人。每个人都将冲破传统枷锁的束缚，获得重生的机会，关键就看你是否激发了自身潜在的能量。

• 未来每一个人都是一个独立的经济体。既可以独立完成某项任务，也可以依靠协作和组织去执行系统性工程，所以社会既不缺乏细枝末节的耕耘者，也不缺少具备执行浩瀚工程的组织和团队。

• 原来我们每个人都为木桶原理所束缚，即你的短板限制了你的综合水平，所以我们总在弥补自己的短板，而随着人们协作效率的提高，今后你的长处决定了你的水平。我们不用再盯着自己的短板，你只需要将自己擅长的一方面发挥到极致，就会有其它人跟你协作，这叫长板原理。

• 我们的工作正由“被动”走向“主动”。以前为了谋生，我们需要依托固定公司，在固定时间、固定地点重复固定的劳动，属于被动式劳动。未来社会的总财富是这样创造出来的：人们依靠自身特长，点对点地对接和完成每一个需求，充分融入到社会每一个环节中，属于主动式创造。

• 对于未来每个人来说，有一件东西会变得格外重要，那就是你的信用。……在大数据和互联网的帮助下，你的行为推导出了你的信用值，然后以信用度为支点，能力为杠杆，人格为动力，联合撬动的力量范围，就是你的财富值，也是你所掌控世界的大小。

• 原来人与人之间讲究的是关系，今后人与人之间讲究的是规则。传统社会的关系网已经被不断撕裂，以价值分配为关系，新的链接正在形成，每个人都是一个节点，进行价值传输。而你所处的地位和层级，是由你所带来的价值决定的。当人人都在讲规则，道德自然就会兴起。

• 未来每个人都能拥有自己的产品。如何实现呢？逻辑应该是这样的：

创意—表达—展示—订单—生产—客户。

- 原来我们只相信自己的眼睛，所谓眼见为实。但是由于“虚拟现实”技术的逐渐成熟，我们就不再那么固执了：VR 可以让你置身于任何一个世界里，AR 可以把任何事物带到你面前。于是眼见再也不为实，今后我们可能只相信自己的内心，只要心一触念，一切都到了。那么一切心外之物，皆为虚妄。

- 未来社会人与人之间的关系是“协作”，这是人类社会的发展路径，也是文明进步的阶梯，一个环节都不能缺失。

当你看完后，我从中摘取或总结的这几个关键词会让你心动：创新、个性、理想；兴趣、热情、希望；潜能、独立、主动；信用、人格、实学；规则、表达、产品；心念、长板、协作。其实，这些关键词也可属于教师价值观层面的表达。教师是学生健康成长的引路人，在学生和教师之间，都有很多难忘的故事，每一个故事背后都有一些令人怦然心动的、正确的、积极的，甚至是高尚的价值观。教师的价值观会通过教师的一言一行体现出来，成为影响学生价值观形成的重要因素。

不管是反思过去，面对当下，还是展望未来，作为一名教师，如何对待学生、自己、同事、社会、国家，都离不开正确价值观。也就是都离不开教师的学识和能力，更离不开教师为人处世、于国于民、于公于私所持的价值观。不断地加强自身价值观建设，是一切优秀教师和教育家型教师成长的共同经验。

在这个我们已经充分意识到具有不确定的、随机性、波动性的世界里，已经不可能再像以前那样稳定的职业成长环境里，不可能再被动任意等待自己年龄慢慢变老的时光里，我们应该好好体会这些新时代更加需要的职业思维和行为概念，也就是需要维护坚守的科学价值观，去好好管理好自己内心，然后持续行动起来。

在新的学期，寻找一个问题、定义一个概念、规划一个行动，然后全神贯注地投入，对问题敏锐地观察，保持专业主义的态度和精神，对教育效果和教育艺术不懈追求。守正创新，做自主的教育改革者，做传统文化与教育智慧的传承者；面向未来，有对社会进步和人的成长的坚定信仰，做教育改革的创新者和探索者。

寻觅教师享受教育幸福的源头

大千世界，原来有那么多丰富多彩的美丽的灵魂，从古到今，从南到北，闪耀着智慧的火花，点燃自己沉睡的大脑。我知道的还是太少了，还不够勤奋啊。这种感觉是一种无知的清醒。

在众多智者的思绪中，逐层梳理，博采众长，原先繁杂懵懂的原理，越来越归于简单。我明白了一个道理，学习也不是一定要相信一切的权威，只有清晰地分辨后，才会清明。这种感觉是一种认知的升级。

我强烈地感到自己的情形仿如一粒种子，若不全身心融入泥土里，真实的发芽便不会发生，长成参天大树更是不可能的事。我摆脱了融入泥土的恐惧，渴望得到雨水、肥料的滋养。这种感觉是一种开知的畅想。

但是，也不需要太着急了。既然还愿意生长，就痛快地拥抱阳光，吸纳雨露，接受风霜。这是一种经历，缺乏四季的洗礼，少了与自然的对话，与花草的会晤，便没有足够自信的养分，没有克服困难的勇气，更没有慎独反思的心胸。

回到自己的方寸之地，仿佛进入尧的都城，站在陶寺的观象台的核心圆上，透过那 13 根柱子之间的 12 道缝隙，观测正东方塔尔山山脊上的日出，等待太阳光切在某个缝隙正中的特定时刻，感受“历象日月星辰，敬授民时”的真实性。我突然有了种神圣的感觉，这是与天交流啊，人类哪能脱离天的指令啊！

我回想，是不是目前的人们走得太快了，全然顾不得天了？为了那些最终带不走的物欲，匆匆争夺。殊不知，这些都是天给的，我们不能糊涂了。

千万要记得，在走路时抬头看看天，看看我们走得对不对啊！

我明白了“用心地凋谢”的本来含义。这是为了回馈大地，遵循天的密语，扎下去，从内在最深处再发芽、长叶、开花、结果。

这是我去山西襄汾考察尧都，寻找“最初中国”之感悟，对人类起源文化有了些许理解，当然是肤浅的，仅是自己的理解。

我想起读过的陈大伟老师的一篇文章《做“明白”的教师》。第一段是这么写的：

明师是什么？就是明白的教师。作为结果，明师是心里明白的教师，他知道自己是谁，自己在干什么，知道自己生活的目的和意义，也知道自己的成长和进步；作为过程，明师在不断研究自己——“人啊，认识你自己”，他在努力争取认识和理解自己、改造和完善自己，在研究和改造自身中赢得自身认同和自身完整。而自身认同和自身完整如此重要，以至于帕尔默在《教学勇气》中说：“真正好的教学不能降低到技术层面，真正好的教学来自教师的自身认同与自身完整。”

文中还有如下观点，不仅解决了我的困惑，更给我今后的行走开阔了思路，如同我站在那个圆心，等待阳光照进某个缝隙，按照这个明示规划，遵循这种规律前行。

• 研究为了明白，明白需要研究。要做明白的教师，我以为需要一种研究的转向。这种转向就是把自身作为研究的对象，审视自己，研究自己。可是现有的研究没有给更多中小学教师带来理想的幸福，我认为，取向的偏差是其中的一个原因。从取向上，目前大多把教育科研作为认识外界事物关系的手段，没有发挥科研改造自身、发展自身的重要作用。事实上，人类只有面对人自身，才能达到对人的理解，只有研究了自身，我们才能对自己并进而对他人负责。由于没有对自身的改造和变革，没有在研究中创造和实现新的自我，我们就很难发现科研对自身的意义，也就很难体会到科研的幸福。

• 一方面是要研究自己，另一方面要做“为己”的研究。“君子务本，本立而道生。”这里的“道”通“导”，也就是自己发展好了，生活好了，引导的力量就能自然生发出来。这就是“以身立教”的含义。

• 研究带来成长，研究带来变化。教师研究带来的变化，主要体现在“新知”“新事”“新人”上。

• 研究是发现行动和行动结果（效果）之间的关系和联系，研究的结果是获得对其中关系和联系的认识，得到关于自己、关于学生、关于教和学、关于教材等方面的新认识。在这个过程中，我们原有的知识背景、知识内容、知识结构都将随之而改变，并得以重新建构。这就是研究中的新知，获得的是一种认识成果。

• 作为实践者，研究的任务不在于认识行动，而在于改造行动、改造实践。对教育各种事实和现象之间联系和关系的深刻洞悉与把握，有利于认识、理解和预测教育事实（现象）的发展方向与趋势，从而对其进行更有效的促进或控制。这样，有了新知的基础，研究者新的实践也就有了可能。新事是什么呢？我以为首先是做事的手段和方式有了新的突破，其次是由此产生或获得了新的实践效果。它是一种推陈出新的“新”，一种超越既往的“新”。

• 新知和新行动的出现意味着新人的诞生，从终极意义上，研究要创造新人，要创造一个新的自我。创新自己意味着在修养上不断达到新境界，意味着自己的专业成长。

陈大伟老师的观点与我的反思所得有异曲同工之妙。不是向外看所得，而是向内看变化。不能仅仅停留在对是否“成事”——“做成了事”——进行反思，而且需要对是否“成人”——“实现了专业成长和进步”进行反思。所做之事，所读之书，所交之人，所行之路，所观之景，均需要体验到自己的成长和进步，享受经历、学习与思索的快乐。

这也正如孔子所强调的个人修养——“壹是皆以修身为本”，主张“为己之学”，关注自己，发展自己，完善自己。

那些在“我”之外的人，无论贤或不贤，都是学习的对象，当“见贤思齐焉，见不贤而内自省也”。见到贤者，向他靠齐；见到不贤者，反省自身。以他人为镜鉴，照自己的长短，或思齐，或自省，改过迁善，臻于完美。

这里的“人”，指的不仅是周围可见的人，历史人物的成败兴衰，同样可以作为我们“思齐”和“改过”的标杆，读书、学史、观人，并非数他人珍宝，而是要自家受益。

从这种意义上，只有“用心地凋谢”，方能理解做“明白”教师的价值，体会到“见贤思齐”的内涵。如此，才能有勇气反思自己，研究自己，增加自我生命成长的积极性和动力。也只有如此，才会在看似重复平淡的教育情境中诞生“新知”“新事”“新人”。这是教师享受教育幸福所要去寻觅的源头。

以信任的文化激发教师行为自觉

河北省某中学的几名教师与干部在北京市育英学校密云分校交流学习，他们经常问起我一个问题："为什么你们的教师有如此自觉的工作主动性与积极性？"

教师们都很忙，肯定也很累，但是没有听到他们抱怨，他们看起来是轻松、快乐的，有满满的获得感与成就感。

我回答他们："对待教师的工作必须以信任为根基，要相信每个教师都有无私的教育情怀与高尚的师德师风，都有做好自己工作的自觉与能力，都有创造的潜力与合作的品质。"

当你本着帮助教师提升专业水平，理解他们的一些不足，以及为其营建成长的环境与平台时，教师的自觉精神就会被唤醒。如果他们身边的环境与氛围是被尊重的、公平的，他们就不再顾及他人的评价，会专注地、忘我地投入到自己喜欢的事情中。

教师作为心智比较成熟的独立个体，是自我教育者和领导者。作为办学者，要鼓励教师自主发展，为教师成长留足空间。同时，要相信教师，发现教师，解放和依靠教师，这样教师才能形成自己的教育教学风格，才能成长为更好的自己。

无论新教师的成长还是中老教师的职业突围，教师的每一个成长阶段，都离不开外部条件及外力作用。

氛围比制度重要，教师发展需要一个目标一致、去中心化的成长"自组织"，比如，青年教师成长俱乐部、教师领袖成长联盟等。在这里，教师相互学习、相互影响、相互唤醒，抱团取暖远比单打独斗更能凸显人的智慧，更易重塑、启迪人的心智。

“读书、写作、课例研究、课题研究、课程建设，游学和分享”，即“5+2”模式，一直是密云分校极力推广与认真践行的教师成长模式。读写塑造心灵，研究练就真功，游学打开视野，分享成就高度。从单一的就教研谈教研中跳出来，把教师带向自由研究的理想领域，练就读写力、研究力、实践力、行走力和分享力。

由种子教师带动，促进学习共同体的建设，以项目制的方式，通过分布式领导，系统组织“5+2”教师成长模式下的多种主题教育活动，以读促教、以写促教、以研促教、以行促教、以思促教，不断打开教师固化的思维，培育教师的职业兴趣，助力他们攀登教育高峰。

有了上述教师自主成长的环境与载体，在学校里，校长成了最“清闲”的人，师生们看到我每天从早到晚这里转转，那里瞧瞧，时不时与老师们说几句话，与学生聊聊天。当然，这只是一种表象，其背后当然是校长对学校每一位教师的信任与培养，大家各司其职，各就其位，充分施展自己的聪明智慧。由于信任文化的存在，各部门沟通顺畅，因此各项工作都能和谐有效地运转与落实。

学校教育主体回归，其主要标志是办学活力的激发与提升，它是“双减”政策有效落地的关键因素。从某种意义上说，学校的办学活力集中体现在校长的自主管理中，体现在教师的自觉实践中，更体现在孩子们的活泼成长中。这就需要营造信任的管理文化。

而作为一名校长，需要问问自己：“我的使命是什么？”需要静下心来想一想：“校园里每天让我充满激情的各种事情可能有哪些主题？”从我做起，关注内心，常想“可以给周围的人和世界带来什么不同”，这是领导力的原点。

我认为，激发师生的生命活力至关重要。它体现在积极与师生交往互动，尊重与信任每一个与众不同的生命，善于以情感和专业的同理心发现高尚的品质、真实的问题。基于以上认识，我每天尝试收集校园里每一个生命的心情、品质乃至产品，把发现的“新大陆”记载下来。这是一个直面教育现实中司空见惯的种种现象与问题的过程，是对一个个教育细节的真实发现与理性思考。

校长的作用就是想校长的事，做校长的活，如按照学校的发展使命、办学理念与育人目标，做好学校发展的顶层设计规划，协助各部门按照学校一以贯之的价值观与运行机制去实现各自的目标。这样，大家都能享受到教育创造的乐趣，感受到教育之行为的幸福感。因此，是信任带来了动力与活力。

由此，北京市育英学校密云分校走上了学校文化自觉的道路，大家不再被动地生活与工作，“不用扬鞭自奋蹄”是学校全体教职员工的真实心态与样态。我深知，这种状态的形成是来之不易的，应当好好珍惜。因为一所缺乏信任的学校，会给学校文化以及学校里的所有人带来麻烦，在那样的地方生活、工作，会让人感到痛苦不堪，感觉自己的生命在被侵蚀耗费，而自己对此却无能为力。

没有“信任”作为校园里人与人之间情感交往的桥梁，我们的教育和教学将变得机械而无趣。为促进学校教育高质量发展，外界有利的环境、资源、平台对于办学活力、教师自觉的激发固然不可或缺，但更为重要的是，自觉地从我做起，从信任每一名教师做起。如此，才能营建一所拥有信任文化的学校，才能实现学校真正的变革，才能真正激发和增强学校的生命活力，教育教学质量才能得到有效保障，才能扎实落实立德树人的根本任务。

信任文化其实是一种氛围。阅读托德·威特克尔、史蒂夫·格鲁奈特所著的《如何定义、评估和改变学校文化》一书，其中氛围对学校文化的作用与影响给我很多启发。下面是我实践的一些改进学校文化氛围的做法，上面所描述的信任文化就是如此一点点形成的。

我先后在多所不同类型的学校工作过，有农村学校，有城市学校，有城乡接合部学校。这几所学校里，有薄弱学校，有普通学校，有优质学校；有初中校，有九年一贯制学校，有小初高十二年一体化学校。丰富的经历让我有一种切身的体会：每所学校都有自己独特的文化基因与文化习俗，每所学校的文化似乎都会让身处其中的人们产生麻痹感——只要我们在这个群体里就会感觉良好，大家都约定俗成地享受着这种氛围。有的学校教师们团结勤奋，敬业奉献；有的学校教师们热爱学习，乐于创新；有的学校教师们思想保守，行为懒散；有的学校教师们喜欢抱怨，追求形式；等等。

我还有一种体会：这种氛围就像一个坚固的堡垒，往往是他人很难融入的一个空间。走进一所新学校，如想改变一些现状或习惯，往往会遇到一些麻烦和障碍，各种挑战接踵而至。好像学校的文化喜欢外来人适应它们，不喜欢他人用另外的文化影响自己。

有专家认为，文化不是需要解决的问题，而是某个团队用之解决问题的架构；文化让我们学习如何生存，并将一个时代学到的东西传给下一代。从本质上讲，文化是被人们努力应用于某个群体的不成文的规则，是这个群体学习的社会教化。这也说明一所学校的文化对这所学校是多么重要，而改善一所学校不尽如人意的文化，让它能够健康和谐地发展是多么艰难。

记得刚到北京市育英学校密云分校的时候，我听到的声音更多的是抱怨生源太差、家长不支持老师的工作。还有教师说，他们不是不想干，只是不知道到底怎么干。再有就是干部之间互相不信任，互相斗气较劲的情况时有发生。

当然，这些表现并不能代表学校文化，但是大家的态度表明了学校文化在重视什么。学校成员的幸福程度低，影响了整个学校的士气，实际上这是学校人与人之间缺乏信任的氛围反映在学校文化上的特殊现象。学校氛围是学校文化外在的体现，氛围的变化会潜在影响学校文化的内在运行，会不断地对学校文化生态的积淀与进化造成或好或坏的影响。

在这样一所文化还不是很健康的学校里，一些不够积极主动的教师会很自由，并且有时不服从整体的管理，于是学校对他们睁一只眼闭一只眼，毕竟他们在人数上或岗位上都不占主流。其实这是一种极坏的管理理念，这是在强化消极文化，积极的教师会被冷落孤立，会在不同的方面受到伤害。比如，在晨会时，冷漠的氛围占主导地位。占主导地位的文化就会使用冷漠对组织晨会的教师进行排斥，或者暗示说，学校的其他活动也是浪费时间。如果出现这样的氛围，便证明学校的文化失去了应有的作用。

消极的教师总是希望看到学校的种种失败，并以此为借口无所事事。不能让这种消极的文化持续下去，否则，一所学校会陷入无序低效的混乱中。治理这样的一所新学校，最大的挑战是如何慢慢化解这种消极文化，重构新的积极的价值观。

如果你想挑战这种文化，那就赞扬和尊重一些冒险精神，营造积极向上的学校氛围，在本来很无趣的会议或一些活动上找到乐趣，探寻合理的积极文化的突破口。每个学期初，我都会要求干部依据学校的办学理念与育人目标，将一些做出突出贡献、有创新精神、有工作情怀的教职工个人和团队通过不同的形式展示出来。这些人有一线教师，也有门卫、保安、维修工、厨工等，展示方式有举行颁奖仪式、制作精美海报、组织经验故事分享会、优先安排他们的培训学习等。对于一些会议，关键是要做到认真准备会议的主题与内容，要求发言者注意讲话的时间限制，注意语言的亲和力与专业性，并时不时地与听众进行互动，从而弱化会议的行政色彩，让它成为一段大家交流思想、分享经验、共同学习、一起成长的旅程。

如果这种氛围持续很长一段时间，那么，积极向上、待人友善的氛围，以及乐意参会、享受听会的氛围就会渐渐变成学校文化的一部分。虽然从氛围到文化转变的转折点是很难确定的，但是，只要用心去营造这种氛围，相信一定会化为同理心，并逐渐变成人们的一种信念。这种信念会自然引导人们的行为。但是要做到不贪多贪快，时刻注意有人来响应自己的呼唤，也就是，要找到那些志同道合者、那些有勇气的变革者，愿意与你一起变革学校的文化生态。否则，真正的挑战就来了。这需要自己在规划推行一件事情时异常小心。

但是，你如果想改善一种文化，就必须有勇气尝试一下新的方法。文化表明了学校的身份与形象，尽管教师会批评学校的某些做法，但他们不能容忍外界对学校的批评。这是一种很好的原生习俗，要充分利用好这种集体的情绪。我曾经提出将“榜样”作为某一学年的学校氛围关键词，即做身边人的好榜样，以自己的良好形象向社会展现自己学校的文化与气质。

我也曾经采取微生活创新的方式，因为学校的文化就在我们周围——它体现在奖品上，体现在教室的课桌上，体现在中午吃饭的时间上，体现在我们收集的学生数据中，体现在我们的欢声笑语中。文化告诉我们什么时候要严肃、什么时候可以放松、做出什么事情会得到奖赏等。这些都可以形成一种氛围，用来诊断为了改变文化而采取的策略的效果。

在改善学校氛围的过程中会遇到很多突如其来的失败场景，但是，我认为这正好是改善文化的一种绝好契机。于是我借机采用很多细小的变化去适应目前的价值体系，而不是采用全新的价值体系。因为改善现有的条件比进行根本的改变总是要容易得多，尽管多数学校更愿意保持现状。

我鼓励有能力的教师组成团队，继而生成亚文化，创造新的学校文化。比如，前面提到的教师成长“自组织”，这实际上就是在慢慢推动组织亚文化的生成，用新的理念与行动去挑战传统的组织文化，起一种文化调和剂的作用。

记得刚开始，不少干部和老师总是喜欢说“我们过去怎么怎么样，我们当时怎么怎么样”，其实这是学校文化要求你最好保持现状。禁止某些话题、怀念过去的行为等都是不愿意改变的表现。人们学着尽量避免对新问题视而不见，他们害怕学校面临任何的功能失调，因为任何关于改变的建议都是对现有价值体系的攻击，甚至，他们会感觉也是对他们自己过去所做事情的一种否定。当然还有一层隐秘的原因：如果听从了改变的建议，可能会违背其他人的意愿，失去对自己更重要的人的信任。

氛围和文化都是用于描述我们如何与环境互动的概念，文化影响我们的价值观和信念，氛围构成我们正在运转的价值观和信念，但是通过调整氛围，有时候我们能够改变文化的一部分。这就需要学校管理者善于营造与之匹配的氛围，去寻找支持自己一方的人或团队，形成一种新的亚文化，并始终保持积极的情绪与态度，坚持很长一段时间。如此，文化就会得到改善。这种文化氛围是赋能教师专业成长所不可或缺的，否则，其他的赋能方式或策略就会大打折扣。

精准课程理念引领有效专业探索

作为一名长期扎根教学一线的实践者，经历过“以教师为中心”与“以知识为中心”的学校教育改革历史阶段。显然，“以教师为中心”更多地强调教师的主体地位，在教学中教师是绝对的权威，可以独霸课堂，这样就剥夺了学生自主思考、探究和实践的学习机会。“以知识为中心”多强调书本知识的重要性，教师容易采用灌输的方式，而学生则处于被动接纳的学习状态，这样就远离了生活和社会，知识与迁移出现悬隔。

“以学生为中心”强调学生的主体地位，通过这一理念的引领可以期待改变“以教师为中心”和“以知识为中心”的诸多弊病，把学习的权利还给学生，更加尊重学生的需求与选择。但在实践中也出现了一些问题，比如教师角色的弱化，教育评价的偏颇，学校教育边界和权威的消解等。抑制了“教”，过度强化主动地学，学不一定有效。

在上述背景下，“以学习者为中心”的理念应时诞生。《义务教育课程方案》(2022 年版）有如下要求：“创设以学习者为中心的学习环境，凸显学生的学习主体地位，开展差异化教学，加强个别化指导，满足学生的多样化学习需求。引导学生明确目标、自主规划与自我监控，提高自主合作和探究学习能力，形成良好的思维习惯。发挥新技术的优势，探索线上线下深度融合，服务个性化学习。”课程方案中所阐释的理念正可弥补并完善以上理念的缺陷和不足，它更符合新课程改革的理念，能够担当新时代赋予的使命，适应未来社会发展的需求。

“以学习者为中心”理念的内涵理解

《学记》有“教学相长”之说。“以学习者为中心”的核心是“学习者”。这个“学习者”并不只是学生，而是学生与教师“互学共学”“互动互存”。这个定位显然是科学的、适恰的。学生有主导权，对所学的内容进行反思，提供观点并讨论；教师基于学生变动的学习历程调整教学目标、内容与方法，满足学生需要，共同为获取新知而努力。这是当下和今后教学改革所追寻的理想状态。

其实，“以学习者为中心”的内涵并不难理解与判断，在此，我分别列举中外各一位专家的观点作为理解的依据。

玛丽埃伦·韦默在其论著《以学习者为中心的教学》中有以下五点论述：力求一个平等的学习环境，把权力转移到学生身上；教学内容不是对事实单一独断的集成，而是让学生进一步对学习内容做批判性的思考；教师从单一威权的角色，转变为学生在求知路上的伙伴；赋予学生求学的责任，引导他们了解自己学习的强项和弱点，并实现对知识追求的自发性；打破教学评估追求名次、分数高低的刻板目的，而将其作为促进学生学习最有效的工具。

华东师范大学郑太年教授在其文章《以学习者为中心的课堂对话：理论框架与案例分析》中有如下观点：

从教育发展的整体目标和取向看，“以学习者为中心”指将学习者的发展作为教育目标选择的重要考量，强调人的全面发展、人的自由发展或者人的个性化发展。

从教育的实践途径看，“以学习者为中心”指从学习者学习与发展内在规律出发组织教育活动，特别是将学习者作为具有能动性的主体，而非对象化、物化的客体。

从课程设计层面看，“以学习者为中心”意味着课程的编制围绕着学生的需求展开，课程实施的形式以学生活动为主，课程评价也倾向于学生的发展，特别是内在品质和通用能力的发展。

在学习环境和教学过程这个层面上，“以学习者为中心”关注的是从学习者的具体特征和需求出发设计学习过程和教学方式，支持学习者有效学习。坚持以“学习者为中心”的教师承认学生带进课堂的观念和文化知识对学习的重要性。

这种课程教学思维打破了传统师生角色的刻板印象，老师不再是拥有知识的唯一权威，而是与学生共同学习知识的伙伴，着重于引导、支持和实践，共同为自己求知的过程积极反省与负责。促进学习者主动参与活动和意义建构，尊重学习者先前知识经验、生活文化背景，以及形成中的观点在学习过程中的重要性。这体现了“互联网+”时代的特点，因为学习者的学习不再仅仅发生在课堂上，不再仅仅依赖面前或身边的教师和教材，全世界都是学习者可以学习的环境，线上线下都有学习的机会和信息。

“以学习者为中心”理念的实践探索

2016年8月，北京市育英学校密云分校根据学校文化传统、针对上述理念沿革背景、分析“以学习者为中心”的内涵、解读新课程改革理念、回应未来时代发展需求，制定了三年发展规划的目标：续写学校优秀文化，构建“以学习者为中心”的、支持多样化学习的课程模式，变革学习方式方法，改善课堂教学生态，重塑教师职业生命。在此目标下开启了“全学习”生态系统文化建设。

一、“全学习”学校文化：为学习者提供多种方式和场景

一所学校的文化，是一种无形的力量。“全学习”学校文化生态系统构建，首先源于办学实践经验的凝练，其次源于对社会大背景下文化的思考。一是北京市育英学校的校训，是1952年六一儿童节期间毛主席的题词“好好学习　好好学习”。二是2015年5月，习近平主席在给国际教育信息化大会的贺信中提出建设“人人皆学、处处能学、时时可学”的学习型社会的理

念。“全学习”的终极目的是关注每一个人，成就每一个人，让每一个人的生命都出彩，让每一个人都具备终身学习的习惯与能力。而当下的课程与教学改革新理念，要求学习方式与学习资源从单一、传统，走向多元、整合。这就需要为学习者提供多种多样的学习方式与学习场景。

走进校园，你会看到原先冬青围绕的绿化地带被打开了，取而代之的是六艺庭院、桃李满园、曲水流觞、濯缨水台、劝学蹊径等具有传统文化内涵且优雅舒适的空间，既能休憩闲谈，又能学习展示。大厅里、连廊间、楼道里，都有大小不同的学习岛、学习区。课间，学生们会三三两两，走进这些空间，寻书、阅读、交流、休息，教师会在这里举行教研活动，与学生沟通对话，家长会在这里等候孩子，与孩子或教师悉心长谈。“全学习”校园文化，让封闭的空间打开，让闲置的空间有了生命的气息，“全学习”文化唤起学校的学习品质和文化的力量，极大程度地促进学生的好奇心和创造力。

整个学校文化环境要从课程出发来设计，让各种资源与学校文化融为一体，多样的学习方式具有了适合的场景，灵活的学习时间有机会得到适配，多变的学习空间温馨而舒适，丰富的课程资源更容易获得，所有的时空都释放出教育价值与意义。学校各项事务都从育人目标出发，让文化价值观、课程设计、空间环境与学习方式融合，优化学习的状态，丰富学习的内容，重塑学习的逻辑，为学生的全面发展提供更多可能。

二、“全学习”课堂：让学习者智慧卷入新式教与学

“全学习”课堂，主要结合学校多年的实践经验，把理念要素规定在“成果目标、优质问题、学习活动与嵌入式评价”四个方面。

成果目标是指“预期的学习结果”，即学生在一节课当中应当知道、理解或能够做的事情，是完成某项学习任务的结果。实施过程中，具体需要注意以下四个维度的设计：一是行为主体，是学生，不是教师；二是行为表现，关注怎么学、学到什么，明确可操作的具体行为；三是行为条件，关注范围条件，旨在说明“在什么条件下做”；四是表现程度，关注学到什么程度，旨在说明“有多好”。成果目标是可操作、可实现、可测量的学习目标。

所谓“优质问题”也可以理解为核心问题，是指在教学中能起主导作用和能引发学生积极思考、讨论、理解的问题。比如，教师在设计问题时，要凸显“思维成果”，变封闭性问题为开放性问题；不要内含答案，明知故问，让学生简单迎合。

为了设计好学生的学习活动，便于教学设计的精准操作，学校对教师的教学设计模板进行了结构化处理，以六个流程支撑“全学习”课堂活动的实际操作，即成果目标、情境导引、思维对话、拓展迁移、知识建构、学教反思。每一个流程的主题概念对应了新时期课程改革的理念。基于这种具有专业思维的引领，教师更容易实现自己的教学目标，更容易基于学情与学生的未来提供更加丰盈、宽泛、有价值的课程资源和学习要素。

“全学习”课堂的评价，不仅重视评价这一动作，还要求设计好量规，将评价融合到教学的整个过程中，不再是学习的终结，而是改进学习方法、提高学习能力的载体。它主要用于学生自我评价、自我反馈，是内在评价而不是外加评价。

以上四个课堂要素确定了“全学习”教学的新理念，让课堂学习由任意为之走向专业设计，让“为什么教”“教什么”“怎么教”“教得怎么样”这几个问题有了更加清晰、有效的解决策略。

如道德与法治学科张静老师所授《青春的心弦——男生女生》一堂课的片段：

课堂上，我首先以脑筋急转弯“请用准确的数字说出我国一共有多少人”创设思维情境，巧妙引进话题——男生和女生，并明确“教、学、评”一体化学习单上本节课学生要达成的成果目标，以及提示学生及时在学习单上给自己的完成情况做出评价。然后，我依次设计了“男生女生不一样”“男生女生共成长”“致青春——为你写诗”三个主要的教学任务。教学任务中根据授课内容的需要又依次安排了三组学生进行微型演讲，每组男生女生各一名，演讲内容分别是“介绍自己”“烦恼吐槽”“夸夸自己”。

在“男生女生不一样”任务中，通过第一场“介绍自己”的微型演讲，学生们走进“任务一：男生女生不一样”，学生们能够举例说明男生女生之间的差异，并概括出这些差异都体现在哪些方面。进而学生随着老师提出的问题“我们应该如何对待男生女生之间的差异”，开展第二场“烦恼吐槽”微型演讲。学生通过聆听第二场演讲内容，思考、回答相应问题，知道并了解“性格刻板印象”这一概念，同时有理有例地分析“性别刻板印象”是好事还是坏事，最终明晰我们应该如何对待男女生之间的差异。

“男生女生共成长”是本节课的主要任务，本环节主要设计了两个小活动。通过聆听第三场“夸夸自己”微型演讲，完成“夸夸对方”和“组内讨论”两个活动。“活动一：夸夸对方”，采用男女生抢答比赛的方式，计时2分钟，比一比哪组在时间规定内说出对方的优点更多；“活动二：组内讨论”，小组内部分工合作，全组讨论，执笔人在学习单上记录，分享人在班内分享，概括我们应该如何对待男女生的优势和不足，列举生活中男女生能够为对方做的事情。

以上两项任务主要是学生依据情景进行分享，展开思维对话。

“致青春——为你写诗”是本节课拓展学习边界，创造迁移机会的任务。学生在优美音乐的氛围下，在课前老师下发的致青春的书签上完成“活动三：请以短诗（一句话）的形式写下你想送给自己和同你一样正处于青春期的男生女生们的青春箴言”，并做班内分享，整个过程中学生深刻体会青春的美好。

最终板书呈现太极图形式的思维导图，比喻男生女生不一样，但是你中有我，我中有你，缺一不可，有助于学生加强记忆和理解。结合本节课的内容，要求学生完成本节课的成果任务——制作个性的青春礼箴言书签，并布置年级性的实践任务——以“我是阳光男生 / 女生”为主题举行演讲比赛。

整节课学生有读、有听、有思、有写、有分享、有概括、有合作……这些学习活动有利于学生表达、思维能力的进一步发展，有助于加强学生道德与法治学科核心素养的提高。

当然，“全学习”课堂还提倡多种学习方式在课堂内外的呈现，如实践学习、社团学习、项目学习、影视学习、节日学习、服务学习等。

三、“全学习”课程：指向学习者育人目标的全面发展

基于中国学生发展核心素养，将“全学习”课程生态进行三级划分，细化标准。

一是以空间融合为亮点，将学习环境与课程创新结合。无论是课堂、休息，还是运动，“全学习”课程让学生拥有更自由的可能性。二是基于环境与人的结合，结合“四大课程空间”模式，实现“在全学科中学习、在人文社会中学习、在自然探究中学习、在趣味生活中学习”。三是建构环境、空间、生活、技术与文化校园生态，形成所有空间环境都可学习、有意无意都在学习、全部流程动作都围绕学习、处处指向学习目标、无边界有秩序、科学平衡的全息学习空间。

以学习方式的进阶，推进学生在时间维度上的“全学习”成长。同一处环境需要考虑不同学段的学生使用功能及课程的可能性，环境在生长，知识在生长，人更是在生长。在学习方式和内容安排上，初一以身心基础、兴趣发展的主题式学习为主；初二注重思维发展的探究学习；初三注重综合素养发展的项目式学习。

具体操作层面，“全学科学习空间”，属于国家课程范畴，突出课程的育人价值，聚合课程的育人效力；“人文社会空间”，其内容重视体验，关注内心，让教育贴近生活，贴近自然，把“对人的培养”作为出发点和归宿，将学校历史与传统文化相融合，在显性课程与隐性课程的互动中实现知、情、意、行的和谐统一；“自然探究空间”，着眼于学生的创造力与发展力，课程设计出发点在于激发和发展学生的兴趣爱好，开发学生的潜能，丰富学生的实践经历，给学生的学习提供可选择性的时间与空间，让学生学会在复杂的现实问题中做出抉择、判断以及进行问题解决，强调知识在现实生活中的综合应用；“趣味生活空间”，注重学生的兴趣培养、潜能开发，通过社团活动培养初中生的综合能力，拓宽知识面，提高初中生的思想道德素质，促进初中生德智体美劳全面发展。

“以学习者为中心”理念的现实思考与展望

“以学习者为中心”是当下基础教育领域学校课程与教学实践探索和理论研究的重要课题。新课程标准的颁布实施，未来社会发展的需求，使得人们更加关注培养学生的自主能力、创新能力、实践能力，发展学生的核心素养，都要求教育体系“以学习者为中心”加以组织与架构。北京市育英学校密云分校实践的“全学习”课程改革，应该说是践行“以学习者为中心”理念并有效落地的经典案例。

“如何将理论、理念转化为课程教学改革的实践”显然是最关键的需要克服的难题。根据具体实践中所暴露和反映出的问题，可以断定，如果仅仅把效果或成果集中在解决表层的问题，如课堂上大家争先恐后地举手抢答而缺少思考、针对结果进行等级评价、课下作业负担繁重、脱离育人目标零散地开展课程活动等问题，还不能真正实现“以学习者为中心”的课程价值。

根据专家的理论和教师的理性分析，在课程教学改革中，更要关注落实该理念深层次的问题，如关注学习者先前的知识经验与生活文化背景，关注学习者思维的建构与生成的观点的认可度，关注学习支撑载体的设计及呈现特征，关注学习内容的深度统整、迁移与应用，促进学习者的多元立体互动等。

当然，在一项教育理念落地的变革过程中，理论、政策与实践之间不免会有一些不相融合的现象。但是，令人可喜的是，目前三者正在走向相同的话语体系，这就为我们透析理念背后蕴含的价值追求，探索实践中有效的实现方式，逐步将其转化为可以理解、可以操作的方案，提供了有利环境与可行机遇。

而教师的专业发展、课程探索，离不开课程理念的精准引领。教师的独特课程观与课程创造意识，也正是教师成长进阶的核心能力与素养。

后记 AFTERWORD

享受生命持续成长不断带来的内心喜悦

这本书是我撰写的关于教师成长主题的第三本书。第一本书是《优秀教师的自我修炼：给青年教师的成长建议》，第二本书是《做个自驱型教师》，这两本书都是由华东师范大学出版社大夏书系策划出版发行的，都深受一线教师的欢迎，尤其对青年教师的成长大有裨益。

撰写这本书时感觉有些难度，毕竟想要不同于前两本书，更想有一些别样的东西在里面。因此，我采取了一种写作方式，即“阅读与行走”相结合。写这本书，是我教育阅读的过程，也是我教育行走的过程。也就是说，这本书是伴随着我的阅读与行走而诞生的。阅读照见行走，行走回观阅读。水本无华，相荡乃成涟漪；石木无火，相击乃发灵光。我想，这便是教师成长进阶之道本应的诠释吧。

在教育行走中，我得以近距离感知一线教师的真实精神状态与纯净心灵底色。每每看到他们期待成长的眼神，听到他们渴望成长的心声，我的敬佩之情油然而生。但当我了解到他们的无奈与彷徨时，一种怜悯、期待、责任，在心头久久萦绕不能挥去。他们说：“我想成长，但是学校要成绩；我想读书，但是忙得没有时间；我想发展，但是没有人引领……”这不就是以前的那个我和我曾经遇到的成长境遇吗？

每当这时，我会告诉教师：观念变行为就会变，自己改变了周围的世界也会随之改变，成长需要坚持行动、持续学习……我的声音似乎振聋发聩，又似乎软弱无力。看到对方茫然地摇头，微微地叹气，我似乎理解了很多。在学校里，一线教师被某些管理者或一些专家认为是一群观念保守、不思进取者。我也听到一种观点：教师的观念很难转变，让他们学习，他们就是不想学习。真相果真是这样的吗？当然不是。

教师对教育教学活动有着天然的兴趣和热情，对读书、学习和研究有着本然的向往和追求，对学生的关怀与爱护有着无尽的策略。这些成长中的机遇与资源，让教育接近本质，让规律有章可循。

所有的教师与我一样，都不想停留在既有的生命状态，而是希望在不断的努力中，实现自己生命的持续飞跃。但是，仅仅进行机械乏味的课堂教学可以吗？仅仅参加例行公事般的学校教研活动可以吗？仅仅听一些不接地气的培训讲座可以吗？无疑，这些是教师成长的一些渠道和方法，但是这些却又往往限制教师心灵的自由，成为教师热爱教育生活、追求生命成长的阻碍，影响教师把整个心灵献给教育。

教师职业生命的本质是一种教育生活，更是一种研究精神。教师要能够对教育教学工作进行冷静而理性的思考和研究，能够成为主动出击、积极谋求自由发展的教育者，而不是满足于对于个人经验浅层次的认知和归纳。教育是一种创造的事业，教师应该努力从自身积累的经验中凝练规律，寻找资源，从成功中筛选方法，从失败中探求智慧，如饥似渴地读书学习，追寻其成功的内在原因。

在成长上有文化自觉的教师，才能真心实意地从人的需求出发，思考并选择恰当的教育行为，促进学生的发展；也才能认真审视教育中普遍存在的束缚发展的深层观念和行为，进而努力更新教育文化与成长认知，让师生在自由、安全、愉悦的文化氛围中，不断地探索进取，不断地创造出生命的新价值。

生命的本质在于成长，在于不断地突破自己的生命经验，在于让我们有思想地活着。当我们缺少了这些本质的东西，实际上意味着我们的生命之旅已经步入平淡的道路。为什么有的教师烦躁、自卑、痛苦，整天生活在叹息、烦恼之中？是由于他们没有认识到生命的真相，他们的专业成长没有实现与精神成长的同步进阶。

我认为，教师生命成长的真相必须有读书的生活，有独一无二的生命行走方式，有与众不同的教育主张，有自己生命主体的心灵解放。当下教育的真正问题在于教师的生活没有回应教师自己的生命成长：缺失信仰，不能为自己确立生活的目标与方向；缺失承担，缺失对学术和对自我生命的承担。教师要把读书、研究、改革、创新等元素透入到自己日常的生活中，把心思用在自己如何看待自己上，用心过自己的生活，而不是生活在大众中，为他人生活。

我要说，让我们有自我意识的觉醒，享受教育生活给予我们的各种恩惠，得一件自己感兴趣的研究之事，抱一颗自由的心灵，去追求生命成长的自觉，从而过一种优雅闲情的美好生活吧！

以上是我撰写本书的思考和行动缘由，也是我对自己进一步成长的期许，希望本书的一些观点和做法对有缘遇到此书的读者有所启发。书中的一些观点源自一些论著，或者一些专家研究的成果，在此我对这些论著的作者和专家们表示衷心感谢。

我特邀请李淳老师和刘波老师为本书作序，一是因为二位也是读书人——李淳老师是《师道》杂志主编，刘波老师是中国教育报2020年度推动读书十大人物；二是因为我的成长颇受两位老师个人成长理念与智慧的深深影响，我也很幸运地荣获了中国教育报2023年度推动读书十大人物；三是因为对两位老师有情怀、有担当地引领支持众多一线教师走上教育生命成长之路的敬畏。李老师和刘老师本身就是自我成长的楷模，其生命里蕴藏着丰富的成长之道。在此，我表达对李老师和刘老师的尊重与感激之情。

同时，感谢华东师范大学出版社大夏书系的编辑卢风保老师，是他给予我书籍出版的机会，感谢大夏书系所有为此书付出劳动的朋友们。感谢那些能让我产生思维碰撞的校长朋友和老师们，是他们的困惑以及行动实践，让我的认知得以升级，成长实现进阶。感谢能够为我创造安静舒适写作环境的家人们，是他们的全力支持与无私服务让我得以专注思考，乐于著书。

最后，要感谢所有读者们，感谢你们能够耐心读到这本书的后记，读完这本书是对我的莫大奖赏与鼓励，让我们一起走上“成长进阶之道”，享受生命持续成长不断带来的内心喜悦。

李志欣